조금
다르면
어때?

큰돌고래
004

조금 다르면 어때?

글 윤정선 | 그림 홍지혜

웃는돌고래

여는 글
책과 함께 마음속 행복 나라로!

어렸을 때 나는 늘 혼자였어요. 학교가 끝나고 집에 가면 아무도
없었지요. 부모님은 일하러 나가시고 중학생인 언니는 집에 늦게
왔어요. 날마다 혼자 있는 시간이 많다 보니, 나는 언제부턴가 나무와
꽃, 동네 강아지나 고양이들과 이야기를 나누기 시작했지요.
워낙 내성적이었던 저는 사람들에게 마음을 잘 표현하지도 못했어요.
학교에서도 친구들과 쉽게 어울리지 못했지요. 나는 친구들이 늘 혼자
있는 나를 먼 외계에서 온 존재로 생각해 주면 좋겠다고 생각했어요.
친구들과 나는 뭔가 다르다고 생각했거든요.
그러다 나 스스로도 어쩌면 진짜로 외계에서 온 것이 아닐까, 생각하기
시작했어요. 그렇게 꽉 닫힌 나만의 공간에서, 혼자만의 세상을
꿈꾸었지요.
커서 어른이 된 뒤에야, 스스로 외계에서 왔다고 믿으며 혼자만의
세상에서 살아온 내가 바로 왕따였다는 걸 알게 되었어요.
어른이 되고 나니 어렸을 때처럼 혼자 지내는 일이 많지는 않았어요.
여느 어른들처럼 일하고, 사람들도 만나고, 바쁘게 지냈지요.

그러나 마음속에는 여전히, 늘 혼자였던 그 아이가 오도카니 앉아
있었어요. 친구들과 떨어져 외로웠던 아이가 말이에요. 힘이 들거나,
외로울 때 불쑥불쑥 그 어린아이가 튀어나와 당황스러웠어요.
"난 이제 다 컸다고! 어른이 됐단 말이야. 앞으로는 날 찾아오지 마!"
소리쳤지만, 그 아이는 잊을 만하면 찾아왔어요. 그러다 어느 순간
마음을 고쳐먹었어요. 차라리 내 안에 있는 아이를 위로해 주자고
말이에요. 그래서 틈만 나면 내 마음속 아이에게 그림책을 읽어
주었어요. 함께 이야기도 나누었고요. 그렇게 아이의 마음을 토닥여
주었답니다.

"그동안 많이 힘들었구나."
"혼자서 많이 외로웠지?"
"그래도 참 잘 견뎌 냈어."
"다른 사람들과 좀 다르면 어때! 괜찮아!"
"난 너를 아주 많이 칭찬해 주고 싶어."
"사랑해!"

외로웠던 어린 시절의 나에게 그림책을 읽어 주며
말을 건넸어요. 그러다 보니 세상에는 나와 비슷한
친구들이 참 많다는 걸 알게 되었지요. 남들과 달라서 외롭고
힘들어하는 친구들이요.

그러다 보니 어느새 그런 아이들과 함께 책을 읽으면서 이야기를 나누는 일을 하게 되었어요. 그 일은 나에게 참 행복하고도 보람 있는 일이었지요. 사람들은 그런 나를 '독서 치료사'라고 불렀지요.
독서 치료는 함께 책을 읽고, 함께 이야기도 나누고, 그림도 그리고, 글도 쓰는, 재미있는 수업이에요. 여러분도 책을 읽을 때 책에 나오는 주인공의 감정에 공감할 때가 있지요?
"아! 나도 저런 적 있어."
"맞아! 나도 저런 감정 느껴 봤어."
"나도 저렇게 화가 났지!"
독서 치료는 이렇게 책에 나오는 이야기로 자기 마음을 들여다보면서 공감과 이해의 시간을 갖는 거예요. 자기 마음속으로 들어가는 여행이지요. 우리 마음속에는 원래 '행복 나라'가 있었는데, 상처받거나 화가 나고 슬퍼지면 그 행복 나라 영토가 조금씩 없어진다지 뭐예요. 독서 치료 수업은 우리 마음속에 있었던 행복 나라를 찾아가는 즐거운 여행이기도 해요.

이 책은 나와 그림책을 함께 읽으면서 만났던 어린 친구들에게 들려주고 싶은 이야기를 쓴 거예요. 나처럼 외롭고 쓸쓸한 어린 시절을 혼자 견뎌야 하는 친구들 말이에요.
지난 5년 동안 도서관과 복지관, 학교에서 만난 아이들은 나에게 큰 가르침을 주었어요. 그때 만난 아이들 중에는 어린

나처럼, 친구들과 자기가 뭔가 좀 다르다고 느끼고 있는
친구들도 있었어요. 남들보다 엉뚱해서, 호기심이 많아서,
혹은 수줍음을 많이 타서 외롭고 힘든 시간을 보내고 있는
친구들이었지요.

이 책은 그 아이들과 내가 만난 시간의 기록이기도 하고,
그 열 명의 아이들에게 보내는 편지이기도 해요. 또 내
안에 있는 외로운 그 아이에게 보내는 편지이기도 하지요.
동시에 이해받지 못해서 외롭고 쓸쓸한 다른 친구들에게 들려주는
이야기이기도 해요.

"넌 왜 나랑 달라?"
"넌 왜 똑같지 않아?"

누구나 이런 말을 듣는 순간이 있으니까요. 그래서 이 책을 쓰면서
오래전 기억 때문에 미소 짓기도 하고, 가끔은 마음속에 눈물이
차오르기도 했답니다.

지금 이 책을 읽는 어린이 중에서도 남들과 달라서 외롭고 슬펐던
친구들이 있겠지요? 내가 만난 친구들과 함께 우리 마음속 행복
나라로 함께 여행을 떠나요. 분명히 멋진 시간이 될 거예요!

2014년 4월
책으로 마음을 치료하는 마술사
윤정선

차례

여는 글 책과 함께 마음속 행복 나라로 4

1장 엉뚱하면 좀 어때? 괜찮아!
- 동화 작가 한스 크리스티안 안데르센 11

《마녀 위니의 겨울》 16

2장 수줍으면 좀 어때? 괜찮아!
- 해양생물학자 레이첼 카슨 31

《틀려도 괜찮아》 36

3장 호기심이 넘치면 좀 어때? 괜찮아!
- 비디오 아티스트 백남준 49

《파란 의자》 50

4장 느리면 좀 어때? 괜찮아!
– 이론물리학자 알버트 아인슈타인 65

《와작와작 꿀꺽 책 먹는 아이》 67   《프레드릭》 69

5장 외로우면 좀 어때? 괜찮아!
– 화가 프리다 칼로 81

《코끼리가 있어요》 85

6장 공부 못하면 좀 어때? 괜찮아!
– 생물학자 찰스 다윈 95

《지각대장 존》 97

7장 튀면 좀 어때? 괜찮아!
- 현대무용가 **이사도라 던컨** 111

《까마귀 소년》 112

8장 장난꾸러기면 좀 어때? 괜찮아!
- 아동 문학가 **방정환** 127

《진짜 곰》 130

9장 작고 약하면 좀 어때? 괜찮아!
- 사회주의 혁명가 **로자 룩셈부르크** 143

《깃털 없는 기러기 보르카》 145

10장 혼자 놀면 좀 어때? 괜찮아!
- 과학기술자 **장영실** 157

《행복한 돼지》 160

참고 자료 172

10 조금 다르면 어때?

동화 작가
한스 크리스티안 안데르센

1장
엉뚱하면 좀 어때? 괜찮아!

지우를 처음 만난 건 독서 치료를 시작한 지 2년쯤 됐을 때예요.
복지관에서 방과 후 활동을 하던 여덟 명의 아이들 중에서도 지우는
왠지 눈에 띄는 아이였지요. 지우는 그때 열한 살이었는데, 한눈에
보기에도 참 우울해 보였어요. 말도 없었고, 표정도 어두운 아이였지요.
지우는 가만히 앉아 있으면 꼭 화난 사람 같아 보였어요. 슬퍼 보이기도
했고, 마음이 많이 아파 보이기도 했고요. 그래서인지 지우를 처음
만났을 때부터 다른 아이들보다 더 마음이 쓰였어요. 지우와 앞으로
어떻게 만나게 될지 마음이 두근두근했지요.

제가 책으로 아이들을 만날 때 가장 먼저 하는 일은 "자기 마음을
그림으로 마음껏 그려 보세요." 하고 권하는 거예요.
색연필이든 사인펜이든 물감이든, 어떤 재료든 좋으니까 도화지에 자기
마음을 자유롭게 표현하고 색칠해 보라고 하는 거지요. 책을 함께
읽으면서 아이들의 마음속 행복 나라로 가는 길을 잘 찾아가려면
먼저 친구들의 마음을 들여다보고 잘 아는 것이 중요하기 때문이에요.
그래서 마음을 그려 보라고 한 거예요. 그러면 대부분의 아이들은
알록달록한 색깔을 써서 신 나게 그림을 그려요.

그런데 지우가 그린 그림은 달랐어요. 지우는 망설임 없이 까만
사인펜을 들더니, 도화지 가득 복잡하게 엉킨 실타래만
잔뜩 그렸지요.

그래요, 지우는 보통의 아이들과는 참 많이
달랐어요. 다르니까 참 좋았지요!

지우와 함께 나눌 이야기가
그만큼 많아지는 거였으니까요.
"지우야, 이 그림 속에 담긴 지우 마음은
어떤 거야?"
물어봤더니 지우가 아주 작은 목소리로,
중얼거리듯 이렇게 말했어요.
"복잡해요. 외롭고요."
또 이런 말도 덧붙였지요.
"생각이 생각의 꼬리를 물어요."
지우는 참 멋지게 말할 줄 아는 친구였어요.
"생각이 생각의 꼬리를 문다"는 표현은
아무나 할 수 있는 게 아니었거든요. 지우
옆에 앉아 있던 친구들도 고개를 돌려
신기하다는 듯이 쳐다볼 정도였어요.
지우처럼 자기 마음을 그렇게
구체적으로 잘 표현할 줄
아는 친구는 그리 많지
않아요. 그 말은
지우가

다른 친구들이 보지 못하는 것을 볼 수 있는 힘을 가졌다는
증거이기도 했지요. 나는 지우를 만난 것이 참 기뻤어요.

강렬한 첫 만남 뒤로, 우리는 일주일에 한 번씩 만나 함께 책을 읽기
시작했어요. 그러면서 지우네 집 사정도 좀 알게 됐지요.
지우 엄마는 건강이 좋지 않아서 오랫동안 누워 계신다고 했어요.
병원에 입원해 계실 때는 물론이고 퇴원해 돌아오셨을 때도 지우와
동생을 돌보거나 집안일을 하는 건 엄두를 내지 못하셨대요. 그래서
지우가 엄마 대신 집안일도 하고 동생도 챙겨 온 거예요. 지우는 엄마
대신 동생 지혜를 돌보는 훌륭한 언니였던 거예요.
아빠는 뭐했느냐고요? 그래요, 아빠가 계시기는 했는데 바깥일을
하시느라 지우와 동생을 엄마만큼 살갑게 대하지는 못하셨던
모양이에요. 엄마 치료비가 급하니까 그걸 마련하느라 뛰어다녀야
하기도 했고요. 짐작하기로는 지우 아빠도 마음의 여유가 별로 없을
것 같아요.
그렇게 동생을 돌보는 게 몸에 익어서인지 지우는 다른 친구들보다 더
어른스러워 보였어요. 또래 친구들보다 훌쩍 커 보이는 지우 마음을
들여다보고 있자니 대견하기도 하고, 안쓰럽기도 하고 그랬지요.
한창 어리광 부리고 떼쓸 나이에, 엄마가 드실 끼니를 챙기고, 동생에게
간식을 먹이고, 청소를 하고, 학교 숙제도 혼자 해내고 말이에요.
가끔은 지우가 다른 친구들처럼 마구 고집을 피워 주었으면 싶은

14 조금 다르면 어때?

마음이 들 정도였답니다.

그래도 말이에요, 지우가 다른 친구들과 똑같아질 때가 있었어요. 바로 그림책을 볼 때였지요. 우리가 함께 그림책을 읽고 나서, 지우가 그 그림책을 어떻게 읽었는지를 들려줄 때는 눈이 어찌나 반짝반짝 빛이 나던지……. 참말로 예뻐 보였어요. 독서 치료실에 와서도 보통 때는 그저 가만히 자기 자리에 앉아 있는 아이였지만 그림책을 볼 때는 자기 생각을 또렷이 이야기하곤 했지요.

그러다 어느 날엔가 지우가 이런 얘길 했어요.

"앞으로는 머릿속에 생각나는 걸 그대로 말하지 말아야겠어요."

"그게 무슨 소리야?"

"내 생각을 솔직히 말했더니 친구들이 엉뚱하다고 놀리잖아요."

"놀리는 게 아니라, 지우 말이 다르게 들려서 그러는 거야."

"다른 거 싫어요. 나도 다른 애들이랑 똑같아지고 싶단 말이에요."

지우가 그런 말을 했을 때 마음 한켠이 덜컥 내려앉는 느낌이었어요. 다른 친구들은 미처 생각하지 못하는 지우만의 특별한 이야기를 들을 수 있어서 참 좋았는데, 지우가 그걸 그만두겠다고 하니 얼마나 섭섭했겠어요! 앞으로는 지우 이야기를 못 듣게 되는 건 아닌지 엄청 걱정스러웠다니까요.

나도 어렸을 때 엉뚱하다고 놀림을 많이 받았어요. 그래서인지 혼자 지내는 시간도 많았고요. 그래서 늘 친구도 없이 혼자 집에 가던 지우 뒷모습이 더 마음에 걸렸던 것 같아요. 내 어린 시절 모습과 겹쳐

1장 | 엉뚱하면 좀 어때? 괜찮아! 15

보여서 말이에요. 지우는 몰랐겠지만, 지우가 복도 모퉁이를 지나 안 보일 때까지, 나는 오랫동안 지우 뒷모습을 바라보곤 했답니다.

> 마녀 위니의 겨울 밸러리 토마스 글,
> 코키 폴 그림, 김중철 옮김, 비룡소
>
> 마녀 위니는 겨울을 싫어해요. 추운 게 싫거든요. 그래서 자기 정원만 여름으로 바꿔 버리기로 했어요. 겨울잠 자던 동물들과 눈 밑에서 봄을 기다리던 꽃들은 투덜거렸지만 마녀 위니는 저 혼자 따뜻한 여름을 마음껏 즐겨요. 그러나 그것도 잠시뿐! 추위를 피해 사람들이 위니의 집으로 몰려오는 바람에 마녀 위니의 정원은 순식간에 아수라장이 되고 말아요. 결국 마녀 위니는 마법으로 겨울을 다시 불러들였지요. 그 뒤로 겨울은 여전히 추웠지만 사람들과 함께 아늑하고 고요한 겨울을 즐기게 되었대요.

엉뚱하기로 치면 지우와 함께 읽었던 《마녀 위니의 겨울》에 나오는 마녀 위니를 따를 사람이 아무도 없을 거예요. 마을 사람들은 마녀가 무서워 대놓고 놀리지는 못했지만, 아마도 뒤에서는 엄청 수군댔을 테지요.
"위니는 이상해."
"겨울을 싫어하다니, 위니는 참 큰일이야."
"위니는 우리랑 많이 달라!"
하고 말이에요. 자신들과 똑같지 않고 엉뚱하게 보인다고 마을 사람들은 마녀 위니를 좋아하지 않았던 거예요. 그래서 그 커다란 집에 위니 혼자 살아야 했던 거지요. 마을 사람들과 어떤 교류도 없이 말이에요. 어떤 면에서는 마녀 위니도 지우처럼 마을 사람들에게 은근히 놀림을 받았던 셈이에요.

그림책을 함께 읽은 뒤였어요. 지우는 마녀 위니가 사는 집이 어딘지 알고 있다고 했어요. 학교 끝 은행나무 옆에 마녀 위니의 집이 있다고 아주 자신 있게 말하더라고요. 그러자 아이들은 '또 엉뚱한 소리

하냐?'는 눈빛으로 지우를 바라보았지요.
"입만 열면 허풍이야."
아이들의 차가운 눈빛과 말투에 지우 얼굴이 갑자기 어둡고
우울해졌어요. 그런 상상을 할 수 있는 지우가 나는 놀랍기만 했답니다.

그림책을 읽고 난 뒤에 지우에게 물었어요.
"혼자 사는 마녀 위니의 기분은 어땠을까?"
지우는 아주 당연하다는 듯 이런 대답을 툭 던졌지요.
"아주 좋았을 것 같아요. 혼자 있는 게 얼마나 좋은데요. 어차피 아무도
마녀 위니를 이해하지 못하는데 혼자 있으면 훨씬 더 좋지요, 뭐!"
그 대답을 듣고 나니 지우를 더 잘 이해할 수 있을 것 같았어요. 그때
지우 마음이 꼭 그랬을 것 같았거든요. 지우는 친구들에게 이해받지
못해서 외롭고 화가 났던 거예요.
그런데 말이에요. 조금만 생각해 보면 마녀 위니의 엉뚱한 생각 덕분에
추운 겨울도 아주 나쁘지만은 않다는 걸 알게 된 거잖아요? 겨울
정원을 여름으로 바꾸지 않았다면 위니는 내내 겨울은 그저 쓸데없이
춥기만 한 계절이라고만 생각했을 테니까요.
게다가 위니가 자기네 집 정원만 여름으로 바꾸는 바람에 마을
사람들이 겨울 추위를 피해 위니의 정원에도 놀러 오게 되었고요.
위니의 엉뚱함이 한겨울에 여름을 즐기는 멋진 체험을 선사한
셈이에요. 물론 마녀 위니가 사람들에게 선물할 작정으로 여름을

1장 | 엉뚱하면 좀 어때? 괜찮아! 17

불러온 건 아니었지만 말이지요. 당연히 여름 정원에 갑자기 사람들이 몰려올 줄도 몰랐을 테고요.

사람들이 몰려와 소동을 벌이는 게 감당하기 버거워 금방 다시 겨울로 만들어 버리기는 했지만, 잠시나마 한겨울 추위 속에서 모두가 따뜻한 여름을 누릴 수 있었어요.

지우에게 다시 물었지요.

"지우가 마녀 위니의 이야기를 계속 이어 간다면, 어떤 이야기를 하고 싶어?"

지우는 눈을 반짝반짝 빛내면서 이렇게 말했어요. 지금도 그때 지우의 표정이 생생해요.

"스케이트장을 만들면 어떨까요? 넓은 정원에 물을 부어서 스케이트장을 만들면 마을 사람들이 놀러 와서 탈 수도 있고, 마녀 위니도 재미있게 놀 수 있잖아요."

지우의 엉뚱한 생각이 빛을 발하는 순간이었지요. 다른 친구들은 생각지도 못했던 이야기를 지우는 아무렇지도 않게 뚝딱 만들어 냈어요. 그것도 정원 스케이트장 같은 멋진 상상을 말이에요. 지우

안에 들어 있는 반짝이는 생각 씨앗들이 얼마나 부러웠는지 몰라요. 친구들이 지우더러 엉뚱하다고 핀잔을 주는 건 친구들이 지우 생각을 다 이해하기 어려워서 그런 것뿐이었어요.

어린이 여러분, 혹시 그거 알아요? 《미운 오리 새끼》, 《인어공주》 같은 멋진 이야기를 쓴 동화 작가 안데르센이야말로 세계 최고로 엉뚱한 아이라는 거! 안데르센도 지우처럼 남들과 다른 엉뚱한 생각 덕분에 놀림 받곤 했대요. 그래서 많이 속상하고 외로워했다나 봐요. 그런데 지금 사람들이 안데르센을 어떻게 생각하는지 보세요. 위대한 동화 작가라고 칭송하고 우러러보잖아요. 안데르센의 엉뚱한 생각은 나중에 커서 아이들을 위한 이야기를 만들 때 커다란 밑거름이 되어 주었던 거예요. 수많은 엉뚱한 생각 씨앗들이 안데르센의 머릿속에 있다가 이야기 나무로 활짝 피어난 셈이지요.

지우에게 엉뚱 소년 안데르센을 소개해 주고 싶어요.

소년 안데르센을 동화 작가로 키운 **상상의 힘!**

안데르센은 1805년 4월 2일, 덴마크 코펜하겐 근처 오덴세에서 태어났어요.

동화 작가 안데르센도 어렸을 때 주위 사람들에게 "참 엉뚱한 아이구나!" 하는 말을 많이 들었지요. 안데르센은 혼자 공상에 빠지기를 좋아했어요. 그러고는 상상 속의 이야기를 친구들에게 들려주었지요. 친구들은 그 이야기를 듣고 안데르센을 놀려 댔어요. 어느 날, 안데르센의 친구가 꿈에 부풀어 이렇게 말했대요.

"난 열심히 공부할 거야. 엄마 아빠가, 공부 잘하면 성에서 일할 수 있다고 그랬거든."

친구가 하는 말을 가만히 듣고 안데르센이 말했지요.

"내가 커서 백작이 되면, 멋진 성에서 꼭 일하게 해 줄게."

"뭐? 가난한 구두 수선공 아들 주제에 어떻게 백작이 된다는 거야?"

친구는 안데르센을 비웃었지요. 안데르센은 아랑곳없이 진지한 표정으로 설명했어요. 공책에다 색연필로 근사한 성까지 그려 가면서 말이에요.

"이건 너한테만 말하는 건데, 사실 난 원래 이 멋진 성에 사는 백작의 아들이었어. 그런데 실수로 가난한 집 아이와 바뀌어 버렸지 뭐야. 그래서 구두 수선공 아들이 된 거야. 천사가 나한테만 살짝 알려 준 비밀이야."

안데르센이 귓속말로 속삭이자 친구는 배를 움켜잡고 큰소리로 웃기 시작했어요.

"푸하하! 안데르센, 네가 백작 아들이면 나는 별나라 왕이겠구나. 참 나! 아버지가 백작인데 왜 가난한 동네에서 우리들이랑 살아? 얼른 성으로 가서 아버지를 찾아!"
그러고는 다른 친구들에게 가 버렸지요. 친구들에게 가서 안데르센 머리가 이상한 것 같다고 말한 것은 물론이고요.
다음 날 안데르센이 학교에 갔더니 아이들이 여기저기서 수군댔어요. 안데르센이 지나갈 때마다 비아냥거리는 친구들도 있었고요.
"어이, 백작 아드님! 백작 아버지는 잘 지내시니?"
시간이 갈수록 안데르센을 보고 수군대는 아이들이 점점 늘었어요.
"안데르센은 머리가 이상해."
"글쎄 말이야. 맨날 엉뚱한 이야기만 한다니까!"
"정말 자기가 백작 아들이라고 생각하는 걸까?"
"안데르센네 할아버지도 머리가 이상했잖아."
"안데르센도 크면 할아버지처럼 머리가 이상해질까?"
안데르센은 친구들이 이러쿵저러쿵 말하는 소리를 다 들었어요. 그러자 안데르센도 걱정이 되기 시작했어요.
'내가 정말 이상한 걸까? 나도 할아버지처럼 머리가 이상해지게 될까?'
안데르센에게 잘못이 있다면 그저 머릿속에서 벌어지는 온갖 상상을 입 밖에 내어 말했다는 것뿐이에요. 친구들은 그걸 '이야기'로 듣지 않고 '거짓말'로 들었다는 게 문제였지요.
안데르센의 할아버지는 치매를 앓으셨는데, 당시에는 치매 환자에 대한 이해가 지금보다 낮아서, 병이 아니라 저주를 받은 것이라고까지 생각하기도 했답니다.

안데르센은 자기도 커서 할아버지처럼 될까 봐 걱정하기 시작했어요. 상상을 그만두려고 애도 썼고요. 그러나 아무리 해도 저절로 머리에서 튀어나오는 멋진 상상과 끝없는 모험 이야기를 그칠 재간이 없었어요. 한 사람이라도 자신을 이해해 주기를 바랐지요.
그때 안데르센의 마음은 바다 가운데 혼자 있는 섬처럼 무척 외로웠을 거예요. 그 누구에게도 자신을 이해받지 못하고, 오히려 거짓말쟁이라고 놀림을 받았으니까요.
그러나 안데르센은 머리가 이상해지기는커녕 세계적인 동화 작가가 되었어요. 친구들에게 놀림 받았던 엉뚱한 상상력이 안데르센을 유명한 작가로 만들어 준 거예요. 안데르센이 그렇게 될 수 있었던 것은 아버지와 아버지의 책 덕분이었지요.

구두 수선공인 안데르센 아버지의 방에는 늘 책이 수북이 쌓여 있었어요. 안데르센이 아주 어렸을 때부터 아버지는 소리 내어 책을 읽어 주었대요. 안데르센은 글자를 읽을 수 없었던 아주 어린 나이였을 때부터 아버지가 읽어 주는 동화 속 환상 세계를 머릿속으로 마음껏 여행을 다녔던 거예요.
동화책을 읽어 주는 아버지 말소리에 시나브로 잠이 들면 숲속에서 황금빛 날개를 파닥이는 요정을 만나거나, 푸른 바닷물 속에서 무지갯빛 물고기를 만나 신 나게 놀았지요.
안데르센의 아버지는 구두를 고치는 여문 손끝으로 인형도 만들어 주었어요. 가난했던 안데르센에게 아버지가 만들어 준 인형은 소중한 장난감이었지요. 안데르센은 하루 종일 인형을 갖고 혼자 놀았어요. 그러다 배우가 되고 싶다는 생각도 하게 돼요. 결국 배우가 되지는 못했지만요. 우리한테는 안데르센이 배우가 되지 못한 것이 다행일지도 몰라요. 안데르센이 유명한 배우가 되었더라면, 우리는 《미운 오리 새끼》나 《눈의 여왕》 같은 멋진 이야기를 만나지 못했을지도 몰라요. 안데르센이 보기에 인형은 마치 재미있는 이야기를 만들어 주는 마술 같았어요. 좁고 허름한 방이 순간, 멋진 무대가 되었거든요. 안데르센은 인형극 감독이 되어 인형들에게 여러 가지 역할을 주었지요. 인형들이 만들어 내는 이야기는 날마다 달랐어요. 안데르센의 끝없는 상상력이 날마다 다른 이야기를 만들어 낸 거예요. 샘터에서 샘물이 퐁퐁 솟아나듯 말이에요.

아버지가 돌아가시면서 안데르센은 많이 외로웠지만, 상상의 세계가 있어서 위로받을 수 있었어요. 어렸을 때부터 안데르센을 지켜 주었던 상상의

세계는 외로운 안데르센에게 참으로 좋은 동무였지요. 이것저것 엉뚱한 상상을 하다 보면 혼자 있어도 외롭지 않았어요.

아버지가 돌아가시자 안데르센은 점점 혼자 있는 시간이 많아졌어요. 어머니도 안데르센을 혼자 집에 남겨둔 채 가정부 일을 나가야 했거든요. 친구가 없었던 안데르센은 집에서 혼자 공상한 것을 이야기로 쓰거나 인형 옷을 만들었답니다.

그랬던 안데르센은 열네 살이 되자 어머니의 반대를 무릅쓰고 도시 코펜하겐으로 향해요. 그곳에서 왕립 극단의 무용수와 목수 견습생으로 전전하다가 드디어 학교에 들어가 글쓰기 공부를 하게 되지요. 그 후 대학 입학시험에도 합격하지만 대학에 들어가는 대신 오로지 글쓰기에만 매달리기 시작했답니다. 그때부터 가난하고 힘겨운 작가의 생활이 시작된 것이지요.

안데르센이 지은 동화는 《인어공주》, 《성냥팔이 소녀》, 《백조 왕자》, 《벌거벗은 임금님》, 《장난감 병정의 사랑》…… 수도 없이 많아요. 안데르센의 동화가 지금까지 전 세계 어린이들의 사랑을 받은 까닭은 안데르센이 세상에서 밀려난 불쌍한 사람들을 그냥 지나치지 않고 자신의 모습을 이야기에 녹여 놓았기 때문일 거예요.

특히 《미운 오리 새끼》에 안데르센의 모습이 많이 들어 있어요. 어느 날 안데르센이 한가로이 시골 길을 걸어가다가, 꽥꽥거리며 지나가는 한 무리의 오리를 만났대요. 그런데 어미 오리를 따라 줄지어 걸어가는 오리 새끼 가운데 맨 뒤에 가는 작은 오리 새끼가 유독 힘겹게 뒤뚱뒤뚱 걸어가더라지 뭐예요.

'어? 저 오리 새끼는 왜 저렇게 힘들게 걸어가는 걸까?'

안데르센은 걸음을 멈추고 한동안 맨 뒤 오리 새끼를 지켜봤어요. 앞서서 씩씩하게 걸어가는 다른 오리 새끼들과는 달리 마지막에 처져서 따라가는 모습이 불쌍하더래요. 마지막 새끼 오리의 모습에서 안데르센은 힘들었던 자신을 보았어요. 고향을 떠나 아는 사람 하나 없는 코펜하겐에 와서 고생했던 시간들이 떠올랐지요. 《미운 오리 새끼》는 그렇게 태어났어요.

안데르센에게 상상력이 없었다면 오리 떼를 보고도 그냥 무심히 지나갔을 거예요. '오리들이 무척 시끄럽구나.' 하면서 말이에요. 안데르센의 상상력은 일상생활에서 만나는 소소하고 작은 것들에게서 이야기를 빚어낼 수 있게 해 주었어요. 안데르센의 모든 작품이 곧 안데르센의 상상 속 세계였다고 할 수 있지요.

가난한 구두 수선공 집에서 태어났지만, 안데르센은 상상 속에서 멋진 왕자도 되고, 겨울 나라에도 훌쩍 날아갈 수 있었어요. 주위 사람들에게 엉뚱하다고 놀림을 받으면서도 상상의 세계를 포기하지 않았던 덕분에 말이에요.

여러분, 어때요?

그러고 보면 엉뚱한 생각은 무언가를 만들어 낼 수 있는 놀라운 재료인 것 같지 않나요? 엉뚱하다고 하는 것은 상상력이 풍부하다는 말이기도 하니까요.

지금까지 다른 사람 누구도 생각하지 못했던 걸 이야기하니까 '엉뚱하다'고 하는 것뿐이에요.

뭐든 세상에 처음 나오는 것, 새로운 것은 사람들이 엉뚱하다고 비웃는 생각에서 출발하곤 했지요. 그러니 다른 사람들이 보는 대로 똑같이 보지 않고, 자신만의 독특한 관점으로 사물을 바라보고 생각하는 것은 축복일 거예요.

그러니까 여러분도 엉뚱하고 낯선 생각을 많이 이야기하는 사람이면 좋겠어요. 혹시 알아요? 그러다 여러분도 나중에 안데르센처럼 멋진 이야기를 쓰는 세계적인 동화 작가가 될지?

자신을 더 사랑하고, 남들이 뭐라고 하든 스스로를 아끼는 마음, 잊지 않으면 좋겠어요.

조금 더 생각해 보자

"상상력은
지식보다
중요하다."

아인슈타인

위대한 과학자 아인슈타인은 왜 지식보다 상상력이 중요하다고
말했을까요? 상상력이 지식의 한계를 훌쩍 뛰어넘기 때문이었을
거예요. 물론 지식을 습득하고 쌓아 가는 것도 중요하지만, 상상력이
없는 지식은 딱딱해지기 쉽고, 더 넓게 나아가지 못할 수 있어요.
엉뚱함은 '다르게 생각'하는 것이기에, 상상력에 연료를 줄 수 있지요.

엉뚱한 나에게 칭찬을 해 보세요!

아주 작고 사소한 것이라도 괜찮아요.

해양생물학자
레이첼 카슨

2장 수줍으면 좀 어때? 괜찮아!

재영이는 도서관에서 하는 여름방학 독서 치료 프로그램에서 만났어요. 제가 독서 치료사가 된 지 3년째 되었을 때예요. 재영이는 수줍음을 참 많이도 타는 열두 살 아이였답니다. 바람 한 점 없이 무더웠던 첫 시간, 재영이는 일곱 명의 아이들 속에서 아주 작고 가느다란 목소리로 자기소개를 했지요.

우리는 일주일에 한 번 도서관 소모임실에서 만났는데, 세 번째 만났을 때 재영이는 낯을 많이 가리고 수줍음이 많은 자기 성격이 싫다고 머뭇거리며 말했어요. 수줍음이 많아서 친구를 쉽게 사귀지 못하는 게 싫다고도 했지요. 하지만 재영이는 독서 치료 시간에 그 누구보다도 늘 차분하게 시선을 모은 채 귀를 기울였어요. 독서 치료 시간에 오롯이 나에게만 집중하는 재영이의 모습은 참 예뻤답니다.

첫 시간에 우리는 '신기한 마음 가게' 놀이를 했어요. '신기한 마음 가게' 놀이는 자기 마음속에서 없어졌으면 싶은 감정을 마치 물건처럼 파는 놀이예요. 또 자기 마음속에서 생겨났으면 하는 감정도 마음대로 살 수 있는 놀이지요.

먼저, 아이들에게 자기가 팔고 싶은 마음을 쪽지에 쓰게 해요. 그동안 나는 칠판에다 아이들이 사고 싶어할 만한 마음 쪽지를 수십 개 붙여 놓지요. 내가 마음 가게 주인이 되어 손님을 맞이하면, 아이들이 찾아와서 팔고 싶은 감정을 이야기해요. 왜 그 마음을 팔고 싶은지도 함께 말해야 해요. 이유 없이 무조건 팔 수 없는 게 이 놀이의 규칙이거든요. 팔고 싶은 까닭을 이야기하면 가게 주인은 그 마음을 사고, 대신 아이가 사고 싶어하는 마음을 내어 준답니다. 물론 그때도 왜 사고 싶은지 까닭을 말해야 해요.

첫 시간에 '신기한 마음 가게' 놀이를 했던 까닭은 독서 치료 수업에 참여하는 아이들이 자신의 마음속을 잘 들여다보길 바랐기 때문이었어요. 마음속 감정이 영원히 변하지 않는 것이 아니라는 것을 알기를 바랐던 거지요. 자기 마음을 아는 것은 참 중요하거든요. 가만히 생각해 보세요. 자기는 바라지 않았는데, 생각지 못한 감정에 휘둘리는 경우가 종종 있잖아요. 화를 내고 싶지 않은데 계속 화가 난다든지, 용기 있게 말하고 싶은데 자신감이 없어서 주눅이 든다든지……. 그럴 때 감정은 마치 동화에 나오는 힘센 괴물처럼 나를 마음대로 조종하며 움직이는 것처럼 느껴져요.

난 아이들이 자기 힘으로 마음을 바꿀 수 있다는 걸 알게 하고 싶었어요. 특히 재영이가요. 그런데 '신기한 마음 가게' 놀이를 하겠다고 하고 방법을 일러 주었더니, 재영이가 눈을 동그랗게 뜬 채 묻는 거예요.
"어떻게 마음을 사고 팔 수 있어요?"

그러게 말이에요. 마음은 눈에 보이지 않는데 어떻게 마음속 감정을 팔고 사는 놀이를 한다는 말일까요? 재영이가 궁금해하는 건 당연한 거였어요.

놀이 방법은 이랬어요. 먼저 색색깔의 쪽지를 한 장씩 나눠 주고 그 위에다 자신이 팔고 싶은 마음속 감정을 연필로 쓰라고 해요. 그때 재영이 표정이 지금도 생각난답니다. 재영이는 '뭘 쓰지?' 한참을 곰곰 생각을 한 뒤에야 써 내려갔는데요. 팔고 싶은 마음을 적어 보라는 쪽지에는 '수줍음'이라고 썼어요.

쪽지를 들고 재영이가 마음 가게를 찾아왔을 때 제가 물었지요.

"왜 수줍은 마음을 팔고 싶은 건데?"

재영이는 수줍어하며 작은 목소리로 대답했어요.

"수줍은 게 싫어요……. 마음속 생각을 잘 말하지 못하고, 친구들과도 잘 친해지지 못하니까요."

사고 싶은 마음을 골라 보라고 했을 때는 칠판에서 '자신감'이라고 쓴 쪽지를 가져왔어요.

"왜 자신감을 사고 싶은 거니?"

물었더니 재영이가 이렇게 대답하더군요.

"자신감을 사면 수줍음이 없어질 것 같아요."

시간이 흐르면서 자연스레 그런 재영이의 집 사정을 알게 됐어요. 재영이 엄마는 인도네시아 사람이라고 했어요. 재영이는 아주 어렸을 때부터 친구들과는 조금 다른 외모 때문에 늘 눈에 띄는 아이였던 게 싫었다고 해요. 어디를 가도 사람들 눈에 띄지 않으려고, 튀지 않으려고 자기도 모르게 더 조용해졌다고 했지요.

그런 재영이를 놀리는 친구들도 있었대요. 피부색이 좀 거무스름하단 이유로 '콩쥐'이라 놀리는 아이들이 있었다는데, 그때는 정말 속상했다고 울먹이더라고요. 재영이를 보면서 제 마음도 참 아팠지요. 생긴 모양이 다르다고 차별하거나 놀리는 건 정말 나쁜 거잖아요. 옳지

못한 시선 때문에 여린 마음을 지닌 재영이가 더 움츠러들었다는 게 많이 속상했어요.

재영이가 말 한마디를 할 때도 시원하게 못 하고 곰곰이 생각한 뒤에 천천히 말하는 아이가 된 데는 그런 까닭이 있었던 거예요. '혹시 틀리면 어쩌지?' 하는 걱정이 재영이 마음속에 또아리를 틀게 된 거지요. 재영이와 함께 읽은 《틀려도 괜찮아》라는 그림책에 아주 중요한 말이 나왔어요.

틀려도 괜찮아 마키다 신지 글, 하세가와 토모코 그림, 유문조 옮김, 토토북

수업 시간에 틀릴까 봐 손을 들지 못하고 자신 있게 자기 생각을 말하지 못하는 아이가 있어요. 늘 맞는 답만 말하려고 망설이다가 시간만 흘러가지요. 그러나 선생님은 "틀려도 괜찮아!" 말해 주어요. 그러자 틀릴까 봐 손들지 못하던 아이도 자신감 있게 말하기 시작해요. 과녁을 명중시키는 실력을 갖출 때까지는 수많은 화살을 바닥에 떨어뜨리는 실수를 딛고 넘어서야 하는 것처럼, 계속 용기를 내어 말하는 게 필요하다고 용기를 주는 이야기예요.

"언제나 맞는 답을 말해야 한다고 생각하니까 틀리는 게 무섭고 두려워져."
재영이도 학교에서 발표할 때 그림책 《틀려도 괜찮아》에 나오는 주인공처럼 '혹시 틀리면 어떡하지?', '말을 잘못하면 어떡하지?' 여러 가지 생각으로 머릿속이 꽉 차서 가슴이 쿵쾅거리고, 얼굴은 화끈거린다고 했거든요. 발표를 하려고 일어선 순간, 말하려고 했던 걸 다 잊어버린 적도 있다고 했어요. 사실 우리 모두 그런 적이 한두 번은 다 있지 않나요?

사실 나는 어렸을 때 재영이보다 훨씬 더 수줍음을 많이 타는 아이였어요. 재영이를 보니 어릴 적 제 모습이 또렷이 떠올랐지요. 재영이와 함께 책을 읽는 동안, 책 속 주인공이 꼭 어린 시절 내 모습 같아서 저절로 웃음이 나왔어요. 나도 어렸을 때는 맞는 답만 말해야 한다고 생각해서 더 떨었던 것 같거든요. 생각해 보니까 모든 것을 완벽하게 하려고 하니까 더 조심스러워지고 수줍어했던 것 같아요. 그래도 틀리는 걸 두려워하지 않고 자꾸자꾸 말하려고 애썼지요. 그러다 보니 자연스럽게, 당당하게 말할 수 있게 되었답니다.

재영이를 보면 수줍어한다는 것이 꼭 자신감이 없어서만은 아니라는 생각이 들었어요. 조용하고 얌전한 재영이와 달리 재영이 동생 재민이는 도서관에서도 소문난 장난꾸러기였거든요. 재민이는 아버지를 닮아 활발했고, 재영이는 엄마를 닮아 차분하고 조용한 거였어요. 그러니 재영이가 유독 수줍음을 많이 타는 것은 자신감이 없어서라기보다는 그런 성격을 타고났을 뿐이었던 것이지요. 그런데 재영이는 그걸 잘 이해하지 못했어요. 수줍음이 많기 때문에 친구들과도 친해지지 못하는 거라고 생각했고, 발표를 할 때 덜덜 떠는 것도 수줍은 성격 탓이라고만 생각했어요. 자기 성격을 창피해한 것이지요.

어쩌면 수줍음이 많다는 것은 그만큼 더 생각하고 행동할 수 있는 기회가 많다는 뜻일지도 몰라요. 활달한 친구들은 생각하자마자 금방 행동으로 옮기지만, 수줍음이 많은 친구들은 머뭇거리면서 생각할 수 있는 시간이 더 있기 때문이지요.

그림책 《틀려도 괜찮아》를 읽고 그림책에 나오는 '하고 싶은 말의

화살' 과녁을 도화지에 그려 보기로 했어요. "틀려도 괜찮아!" 하며 말화살을 쏘아 댄 주인공처럼, 재영이에게 그동안 마음껏 쏟아내지 못한 말들을 다 화살로 써 보라고 말했지요. 재영이는 화살 과녁에 빼곡하게 적어 내려갔어요. 재영이는 하고 싶은 말이 참 많았던 모양이에요. 특히 자신을 놀렸던 친구들에게 "화가 난다"고, "다시는 날 그 따위로 놀리지 마!" 크고 빨간 글씨로 썼답니다. 그날 유달리 환하고 말개진 재영이의 얼굴이 생각나네요.

재영이와 함께한 독서 치료 마지막 시간은 오랫동안 기억에 남을 것 같아요. 자기가 생각하는 '나'의 모습을 점토로 만들어 보았는데, 재영이는 왼쪽 팔을 자신감 있게 활짝 든 사람을 만들었더라고요. 그 팔이 아주 단단하고 힘찼던 것도 기억이 나요. 각자 만든 점토상에 제목을 붙여 보라고 하자 재미있는 이름이 여기저기서 나왔는데, 그중에서도 재영이가 붙인 제목이 가장 마음에 들었지요. 재영이는 자기가 만든 점토에 '당당한 나'라는 이름을 붙였답니다.

점토를 주물럭거리는 일에 집중하던 재영이의 모습이 아직도 선명해요. 그때 재영이는 진지하면서도 생기 가득했지요. 나중에 친구들 앞에서

'당당한 나'를 소개하는 재영이를 보고 있자니 내 마음까지 참 뿌듯해졌어요. 재영이가 수줍음을 있는 그대로 받아들이게 된 것 같아 기뻤어요.

마지막 시간에 재영이가 자신을 '당당한 나'라고 생각했던 것처럼, 중요한 것은 나를 있는 그대로의 모습으로 받아들이는 거 아닐까요? 꼭 사람들이랑 쉽게 친해지고, 사람들 앞에서 전혀 떨지 않고 말하는 게 더 훌륭하고 나은 것은 아니니까요.

어린이 여러분, 혹시 그거 알아요? 전 세계인의 환경문제에 대한 인식을 송두리째 바꾼 책《침묵의 봄》을 쓴 미국의 해양생물학자 레이첼 카슨도 어렸을 때는 수줍음을 엄청 많이 탔대요. 바로 그 수줍음 많던 레이첼 카슨이 활발한 친구들은 꿈도 못 꿀 놀라운 일을 해낸 거예요. 다른 사람들이 나를 어떻게 생각하는지는 중요하지 않아요. 수줍더라도 당당하게 자신의 꿈을 펼쳐 나갈 수 있다는 사실이 중요하답니다.

재영이에게 수줍음 많이 타는 소녀 레이첼 카슨을 꼭 소개해 주고 싶어요.

수줍은 소녀 레이첼 카슨을 **환경 운동가**로 만든 힘

레이첼 카슨은 1907년 미국 펜실베이니아 주의

스프링데일이라는 곳에서 태어났어요. 레이첼 카슨은 사람들 앞에서 이야기를 하는 것을 몹시 어려워하는 아이였지요. 그랬던 레이첼 카슨이 훗날 어떻게 환경 운동을 이끌어 낼 수 있었을까요? 정부가 주도해 숲과 농경지에 뿌린 살충제가 위험하다는 것을 세상에 알릴 용기는 또 어떻게 냈을까요? 레이첼 카슨은 살충제의 피해를 세상에 알리기 위해 살충제 회사와도 맞서 싸웠다고 해요. 레이첼 카슨은 살충제 회사 사람들에게 협박을 받으면서도 자연을 지키고 생명의 소중함을 알리는 일을 포기하지 않았어요. 어떻게 그렇게 용기 있는 어른이 될 수 있었을까요?

레이첼 카슨은 어렸을 때부터 숲이나 바닷가를 산책하는 것을 참 좋아했다고 해요. 친구들과는 쉽게 친해지지 못했지만, 숲에서 만나는 새나 곤충과는 편하게 인사를 나누었지요. 숲에서는 똑같은 게 하나도 없었어요. 새들의 노랫소리에 귀 기울이고, 길섶에 피어난 꽃들을 들여다보다 보면 하루가 훌쩍 지나갔어요. 레이첼에게 숲은 놀이터고, 보물 창고였답니다.

"개미는 다 똑같이 생긴 줄 알았는데 자세히 살펴보니 몸집이 조금씩 다르네!"

자연은 만나면 만날수록 참 신비로운 세계였어요. 레이첼의 어머니도 숲속 여행의 친절한 길라잡이가 되어 주었답니다. 어머니 역시 숲과 나무를 무척 좋아했거든요. 그런 어머니에게 레이첼 카슨은 자연스럽게 숲을 사랑하는 마음을 배울 수 있었어요.

40 조금 다르면 어때?

또 레이첼은 그림 그리는 것도
좋아했어요. 혼자 있는 시간이
많았으니까요. 자기가 그린 그림을
밀가루 반죽으로 한 장씩 붙여
그림책을 만들기도 했어요. 숲길을
산책하다가 떠올린 이야기들이었지요.

이야깃거리는 늘 넘쳐났답니다. 숲에서
만난 고운 빛깔의 새들이 주인공이 되었고, 어제
만난 귀여운 토끼가 책 속에 등장하기도 했어요. 그림책이 완성되면
레이첼은 가장 먼저 어머니에게 보여 주었어요. 비록 독자는 가족밖에
없었지만, 어머니의 칭찬만으로도 충분했어요.

"레이첼! 넌 꼭 훌륭한 작가가 될 거야!"

어머니도 어린 시절 꿈이 작가였기 때문에 레이첼에게 늘 용기를
북돋워 주었어요. 가장 가까운 가족인 어머니의 응원과 격려는
레이첼에게 큰 힘이 되었지요.

그랬던 레이첼이 꿈을 바꾼 것은 대학교 2학년 때 메리 스킨커
교수의 생물학 강의를 들은 뒤였어요. 레이첼의 삶을 통째로 바꾼
수업이었지요. 메리 스킨커 교수의 말 한마디가 레이첼의 가슴을
흔들어 버린 거예요.

"생물학이 뭔지 아니? 생물학은 바로 눈에 보이지 않는 생명체를
이해하는 학문이란다."

그 말을 듣는 순간 레이첼은 어린 시절 숲에서 만났던 나무와 들꽃,
산토끼와 곤충을 떠올렸어요. 자신이 사랑했던 숲속 동물들과 인간이,
더불어 살아가야 할 똑같은 생명이라는 사실을 깨닫게 되자 가슴이
벅차올랐지요.

그래서 레이첼 카슨은 문학에서 생물학으로 전공을 바꾸게 돼요.
그때까지만 해도 생물학은 남자들만 공부하는 학문이었지요. 대학
졸업 후에는 해양생물학자가 되어 자연을 연구하고, 책도 쓰고,
강연도 했어요. 레이첼 카슨이 쓴 책은 지금도 많은 사람들에게
사랑받고 있어요. 그러니 작가가 되고 싶다던 어릴 적 꿈도 이루었고,
해양생물학자도 된 셈이에요.

레이첼 카슨은 강연도 아주 멋지게 했대요. 작은 몸집에 목소리도 크지
않았지만, 부드러운 가운데 힘을 지니고 있는 강연이었지요.

레이첼 카슨이 사람들에게 전하고 싶었던 메시지는 분명했어요. 지구에
잠깐 머물다 가는 사람들이 자연을 마구 파괴하도록 두어서는 안
된다는 거였지요. 환경을 망가뜨리면 결국 그 대가를 치러야 하는 것도
인간이라는 것을 힘주어 말했어요.

"마음의 눈과 귀로 보고 들어야만 자연을 진정 이해할 수 있어요."
레이첼 카슨의 이러한 생각은 사람들에게 많은 영향을 미쳤답니다.
레이첼 카슨은 자연을 어떻게 바라볼지, 삶에서 진짜 소중한 게 뭔지를
이야기했지요. 책을 쓸 때도 레이첼은 마음의 눈을 열고 활자와 씨름을
했어요.

"저 스스로 도요새도 되고, 뱀장어도 되어 책을 쓰려고 한답니다. 제가 자연 속으로 직접 들어가려고 하지요."

친구가 많지 않아 혼자 숲길을 거닐던 작은 소녀 레이첼 카슨은 그렇게 책으로 더 많은 친구들을 만나게 됐어요. 숲에서 긴 시간을 보내며 자연과 친해진 덕분이었지요. 숲과 바다는 레이첼의 가슴에 먼저 다가와서 천천히 스며들었고요. 말을 많이 하지 않아도 레이첼의 마음을 있는 그대로 받아 주었어요. 그러한 시간이 있었기에 레이첼 카슨은 숲속의 새와 곤충이 죽어 가고, 오염된 강에 죽은 물고기가 떠다니는 비참한 현실을 모른 척할 수 없었던 거예요. 쉽지 않은 일이었지만, 자연을 지키기 위해서 용기를 낸 거였어요. 자연에 대한 지극한 사랑이 작고 약한 소녀 레이첼 카슨을 용감한 환경 운동가로 만든 거였어요.

레이첼 카슨의 책 가운데 세상에 가장 큰 영향을 끼친 책은 《침묵의 봄》이에요. 당시 미국에서는 농작물과 가축에 피해를 입히는 불개미를 없애기 위해 강력한 살충제를 뿌렸어요. 그걸 보고 레이첼은 주장했어요. 봄, 여름, 가을에 걸쳐 엄청나게 뿌린 강력한 살충제와 제초제가 겨울 철새들을 죽게 할 거라고요. 강력한 살충제는 땅도 점점 죽게 만들 거라고 말이에요. 그러나 정부는 레이첼의 경고를 무시했지요. 살충제 회사에서도 레이첼에게 그런 주장을 그만두라고 압박했지만, 포기하지 않았어요. 암 치료를 받는 중에도 계속 글을 썼지요. 《침묵의 봄》은 그렇게 태어났어요.

살충제 때문에 죽어 가는 건 불개미만이 아니었어요. 수많은 곤충들이 죽어 갔고, 먹이를 잃은 새들도 굶어 죽어 갔어요. 그러니 봄이 되어도 숲에서는 새들의 노랫소리가 더 이상 들리지 않았어요. 새들이 살지 못하는 숲에는 인간이 깃들 수도 없어요. 그것이 바로 《침묵의 봄》에서 이야기하는 핵심이에요. 레이첼 카슨이 던진 문제의식은 지금도 여전히 큰 힘을 발휘하고 있답니다.

여러분, 어때요? 수줍은 소녀 레이첼 카슨이 환경 운동가로 세상에 큰 영향을 미친 것이 놀랍지 않나요? 비록 친구들과 쉽게 친해지지도 못하고 어울려 놀지도 못했지만, 오히려 그 덕분에 자연과 친해질 수 있었지요. 숲속에서 풀꽃과 벌레들도 꼼꼼하게 관찰할 수 있었고요. 그래요. 수줍음은 생각이 더 깊어질 수 있는 기회일지도 몰라요. 수줍음이 많은 것은 그만큼 더 생각하고 행동할 수 있는 시간을 주니까요.

가장 소중한 것은 있는 그대로 나의 모습을 인정하는 것이랍니다. 혹시 자기가 수줍음이 너무 많아서 싫다는 친구가 있다면, 레이첼 카슨을 생각해 주세요. 레이첼 카슨처럼 세상에 나가 용기 있게 꿈을 꼭 이룰 수 있을 거예요.

조금 더 생각해 보자

"우리는
자신을 이김으로써
스스로를
향상시킨다."

에드워드 기번

영국의 역사가 에드워드 기번이 한 말이에요. 자신을
이긴다는 것은 무얼까요? 그리고 자신을 이겨서 스스로를
어떻게 발전시킬 수 있을까요?

자신을 이긴다는 것은 스스로 못마땅한 점도 있는 그대로 인정하고
용기 있게 나아가는 것일지도 몰라요. 수줍음 많이 타는 것을 못마땅해
하기보다 있는 그대로 받아들인다면 아마 더 성숙할 수 있을 거예요.
자신의 가장 못난 점이 결국은 스스로를 가장 발전시키는 힘이 되어
줄지도 모르니까요.

수줍음 많은 나에게 칭찬을 해 보세요!

아주 작고 사소한 것도 괜찮아요.

비디오 아티스트
백남준

3장
호기심이 넘치면 좀 어때? 괜찮아!

열한 살 진성이는 호기심이 아주 많은 아이였어요. 함께 수업을 듣는 열 명의 아이들 가운데, 한순간도 가만히 있지 못하고 눈을 반짝이면서 두리번거리는 아이는 진성이뿐이었지요. 뭔가 굉장히 신 나는 일이라도 있는 것처럼 들떠 있던 진성이는 단연 눈에 띄는 아이였어요.

우리는 일주일에 한 번씩 학교 방과 후 수업에서 만났는데 세 번째 만났을 때 그림책 《파란 의자》를 함께 읽었어요. 진성이는 그 책을 무척 좋아했답니다. 주인공 에스카르빌과 샤부도가 사막을 걸어가다가 우연히 멀리서 파란 의자를 발견한 첫 장면부터 탄성을 지르더라고요.

파란 의자 클로드 부종 글·그림, 최윤정 옮김, 비룡소

에스카르빌과 샤부도가 사막을 걷다가 파란 의자를 발견해요. 둘은 파란 의자로 자동차 놀이를 하고, 그 위에 올라가 의자가 바다 위의 배라도 되는 양 상어를 조심해야겠다고 이야기도 하고, 책상으로 쓰는가 하면, 조련사가 야생동물을 길들이는 도구로도 쓰지요. 서커스 놀이도 하고요.
그때 낙타가 인상을 쓰면서 나타나 둘에게 그러지요. 머리가 어떻게 된 거 아니냐고, 의자는 그저 그 위에 앉기 위해 만들어진 물건이라고 말이에요. 그러자 에스카르빌과 샤부도는 낙타에게는 상상력이라곤 통 없는 모양이라며 가 버린답니다.

"파란 의자다!"

에스카르빌과 샤부도가 파란 의자를 그냥 지나쳤다면, 그날 아무런 일도 일어나지 않았을 거예요. 그런데 에스카르빌과 샤부도는 무덥고 힘들어도 저 멀리 보이는 푸르스름한 물체가 무엇인지 꼭 알고 싶었어요. 꼭 호기심 많은 진성이 같지 뭐예요. 그런데 막상 사막을 가로질러 가 보니 푸르스름한 물체는 그냥 평범한 의자였어요. 에스카르빌과 샤부도는 이내 실망했지요.

그냥 평범한 이들이었다면 파란 의자를

보고는 "겨우 평범한 의자 하나야?" 하고 그냥 지나쳤을지 몰라요. 뜨거운 뙤약볕을 받으며 사막을 가로질러 간 걸 불평하면서 말이에요. 아이들에게 물었어요. "너희들이 만약 에스카르빌과 샤부도처럼 사막에 있었다면 어떻게 했을 것 같아?" 진성이가 제일 신이 나서 대답했어요. "절대로 그냥 지나치지 않았을 거예요. 더워도 의자 있는 데까지 걸어갔을 거예요. 궁금하니까요."

진성이한테는 두 살 많은 누나가 있다고 했어요. 뭐든 꼬치꼬치 질문이 많아서 엄마한테 혼나곤 하는 진성이와는 달리 아주 차분하다고 했지요. 나중에 진성이네 집 사정을 알게 되면서 힘겨운 환경에서도 늘 밝게 웃었던 진성이가 참 대견하게만 느껴졌지요.

진성이네 아버지가 사업을 하셨는데 두 번이나 부도가 났대요. 내가 진성이를 만났을 무렵에도 무척 힘겨워하고 있었고요. 그래서 진성이는 초등학교 들어가자마자 이사도 다섯 번이나 다니고, 전학도 두 번이나 해야 했지요.

그래도 늘 쾌활하던 진성이가 어느 날은 풀이 죽어 교실에 들어왔어요. 학교 선생님께 이것저것 연달아 질문을 했는데, 선생님이 그러시더래요. "넌 왜 그렇게 질문이 많아? 도대체 네 머릿속엔 뭐가 들었니?" 진성이는 수업 시간에도 궁금한 게 있으면 뭐든 물어보는 아이였지요. 그날도 여느 때와 다름없이 생각나는 대로 물어보았던 것뿐이었어요. 선생님의 말이 마음속에 아주 큰 상처가 되었다는 것을 진성이 얼굴만 봐도 충분히 알 수 있었답니다.

"선생님! 제 머릿속엔 정말 뭐가 들었을까요? 혹시 담임선생님 말대로 이상한 게 들어 있는 건 아닐까요?"
그 일 때문인지 진성이는 독서 치료에 올 때도 잔뜩 주눅 든 얼굴이었어요. 예전처럼 활발하게 묻지 않는 것은 물론이었고요.
마음이 아팠어요.
"왜 바다는 파랗게 보여요?"
"뇌에는 주름이 몇 개나 있을까요?"
언제 어디서나 통통 튀던 호기심이야말로 진성이를 반짝반짝 빛나게 해 주었는데 말이에요. 풀죽은 모습은 진성이랑 정말 어울리지 않았지요. 생각해 보면 어른들이 진성이의 질문 세례를 타박한 건 진성이 탓이 아니라 어른들 탓이에요. 일일이 대답하기 귀찮아서, 혹은 어른들도 답을 몰라서 괜히 진성이를 혼내면서 비겁한 변명을 한 거니까요. 그 어른들은 호기심이 얼마나 커다란 힘을 갖고 있는지 몰랐던 거예요. 에스카르빌과 샤부도의 호기심이 없었다면 《파란 의자》에 나온 의자는 그저 평범하고 흔한 의자에 그치고 말았을 거예요.
평범한 의자를, 뜨거운 햇볕을 피할 수 있는 파라솔로 변신시킨 것이 바로 호기심의 힘이랍니다.
'왜 의자는 개썰매가 될 수 없을까?'
'왜 의자는 경주용 자동차가 안 되지?'
에스카르빌과 샤부도는 마음속으로 이런 질문을 마구 던졌을 거예요. '왜?'라는 질문은 파란 의자를 조각배로,

책상으로, 계산대로 바꾸었지요.

게다가 둘은 한술 더 떠서 파란 의자로 공중곡예까지 하게 돼요. 그것도 사막 한가운데에서요. 그러나 나중에 나타난 낙타는 에스카르빌과 샤부도를 비난하지요.

"의자는 말이야, 그 위에 앉으라고 있는 거야!"

퉁명스럽게 한마디 내뱉고는 파란 의자 위에 자리를 떡 잡고 앉아서 꼼짝도 하지 않지요. 그 장면에서 내가 진성이에게 물어봤어요.

"낙타에게 무슨 말을 하고 싶어?"

진성이는 쏘아 붙이듯 소리쳤지요.

"넌 뭐가 그렇게 꽉 막혔니? 답답해!"

그래요. 진성이도 그동안 에스카르빌과 샤부도처럼 "의자는 앉으라고 있는 거야!" 같은 말을 많이 들어 왔던 거예요. 그런 말을 들었을 때 가슴이 꽉 막힌 것처럼 아주 답답했을 거예요.

독서 치료 마지막 시간에 아이들에게 풍선 하나씩을 나눠 주었어요. 아이들에게 풍선을 불게 한 뒤, 커다래진 풍선을 자기 마음이라고 상상하라고 했지요. 그러고는 풍선 위에 듣기 싫은 말을 써 보라고 했어요. 누군가에게 들었던 기분 나쁜 말, 들었을 때 화가 났던 말을 다 써 보라고 했죠. 그때 진성이는 둥글게 부풀어 오른 빨간 풍선 한가득, 검은색 매직으로 빼곡하게 써 내려갔어요.

"왜 그렇게 바보같이 맨날 물어봐?"

"머릿속에 뭐가 들었기에 질문이 그렇게 많아?"

"그만 좀 물어봐!"

더 이상 적을 데도 없을 만큼, 진성이의 풍선은 검은 글자로 꽉 채워졌지요. 그리고 진성이는 빨간 풍선만큼 붉게 상기된 얼굴로 풍선을 들여다보고 있었어요. 풍선이 아니라 자기 마음을 들여다보는 것 같았지요. 풍선에 적은 글은 바로 진성이의 상처 난 마음이었으니까요. 진성이는 풍선에 적힌 말을 들여다볼수록 자꾸만 화가 난다고 했어요.

"진성아, 그럼 풍선을 어떻게 하면 좋을까?"

그러자 진성이는 아주 확신에 찬 얼굴로 대답했어요.

"빵 터뜨리고 싶어요."

그러라고 했지요. 진성이는 신이 나서 풍선을 터뜨렸어요. 풍선을 터뜨리고 난 후 "마음이 아주 시원하다"고 말했던 진성이 얼굴은 햇살처럼 아주 환했답니다. 호기심이 많아서 이해받지 못한 마음이, 그래서 화나고 억울했던 마음이 뻥 뚫린 것 같아서 나도 덩달아 기뻤지요.

풍선을 터뜨리고 나서 '만약 내가 사막에서 파란 의자를

 54 조금 다르면 어때?

만난다면'이라는 문장으로 짧은 글쓰기도 했어요. 진성이의 글은 정말 재미있고 기발했어요. 파란 의자를 운동기구로 쓰겠다고 하더군요.
"사막을 끝까지 건너가려면 건강해야 하니까 운동을 게을리 하면 안 되거든요."
공책에 운동의 종류도 아주 다양하게, 그림까지 그려 가며 보여 주었던 게 아직도 새록새록 기억이 나네요.

어린이 여러분, 혹시 그거 알아요? 세계적인 비디오 아티스트 백남준도 호기심이 아주 많은 아이였다는 거! 남들은 그냥 무심히 지나치는 것들을 백남준은 늘 호기심으로 바라보았지요. 그러자 평범하기만 했던 사물들에서 꽃이 피어났답니다. 우리에게는 그저 흔한 텔레비전이 백남준에게는 새로운 예술의 도구로 사용되었어요. 세계적인 비디오 아트를 만들어 낸 힘은 바로 다름 아닌 백남준의 멈추지 않는 호기심이었던 거죠.
호기심이 많다는 것은 새로운 것을 두려워하지 않는다는 말이기도 하답니다. 이미 알고 있는 것, 익숙한 것만 보다 보면 새로움을 발견할 수 있는 시력이 약해질 수도 있지요.
창조적인 예술 작품이나 생각은 이러한 호기심을 먹고 자라요.

진성이에게 호기심 많은 소년 백남준을 소개해 주고 싶어요.

호기심이 키운 비디오 아티스트 백남준

한국이 낳은 세계적인 비디오 아티스트 백남준도 어렸을 때부터 호기심이 참 많았어요. 피아노에도 관심이 많았지요. 그러나 어린 백남준이 호기심 가득한 얼굴로 피아노로 다가가면, 아버지는 강하고 단호한 어조로 말하곤 했지요.
"남자가 시끄럽게 피아노나 뚱땅거리면 못쓴다."
남준이 태어난 것이 1932년이니까, 그런 생각이 자연스러운 것도 당연하지요. 백남준의 아버지는 남준이 커서 아버지의 사업을 물려받아야 한다고 생각했어요. 그래서 백남준이 누나들 틈에서 피아노 치는 것을 탐탁지 않게 생각했던 거예요.
"남준아! 피아노는 여자들이나 치는 거야!"
지금이야 남녀 구분 없이 누구나 피아노를 자유로이 배울 수 있지만, 그 시절에는 여자와 남자가 하는 일에 관한 편견이 많았거든요. 그러나 아버지의 반대도 소년 백남준의 호기심을 막을 수는 없었지요. 백남준은 큰누나가 피아노 레슨을 받는 동안 괜히 주위를 맴돌면서 어깨너머로 피아노를 배웠지요.
'어떻게 저 까만 상자에서 저런 소리가 날까?'
누나가 피아노 건반을 두드릴 때 흘러나오는 소리는 어린 남준에게 무척이나 신기했답니다. 백남준은 악보도 눈여겨보았다가 아무도 없을 때 누나 방에 들어가 피아노 건반을 몰래 두드려 보기도 했어요.

또 마당 한구석에 웅크리고 앉아 나무깽이로 흙바닥에 피아노 건반을
그려 놓고 몰래 피아노를 연습하기도 했어요. 흙바닥 위에 그려진
피아노 건반은 소리도 나지 않고 금방 지워졌지만, 흙바닥 건반을
손가락으로 두드리면 귓가에 피아노 소리가 들려오는 것 같았지요.
피아노 소리뿐만이 아니었어요. 백남준은 세상의 모든 소리가 참
신기했어요. 젓가락으로 놋쇠 그릇을 두드리거나, 작대기로 마당에 있는
잡동사니들을 두들길 때 나는 소리들도 좋았지요.
"어쩌면 이렇게 다 다른 소리가 나는 걸까? 신기하네! 음……, 작대기로
빗물 홈통을 두드리면 어떤 소리가 날까?"
아버지의 반대로 피아노를 배울 수 없었기 때문에 더 관심을 가지게
됐을지도 몰라요. 그 호기심을 그냥 억눌렀다면 훗날 백남준이

세계적인 비디오 아티스트가 되지는 못했겠지요.

백남준은 현대 예술과 비디오를 처음으로 결합시킨 사람이에요. 비디오 아트는 비디오, 즉 텔레비전을 이용해 다양한 작품을 만들어 내는 예술이에요. 대부분의 사람들이 텔레비전을 그저 재미있는 드라마나 뉴스를 보게 해 주는 것으로만 생각했다면, 백남준은 텔레비전을 전혀 다르게 바라보았던 거지요.

백남준의 작품 가운데 〈텔레비전 정원〉이라는 것이 있어요. 전시장을 울창한 숲처럼 꾸민 뒤에 그 숲속에 텔레비전 수십 대를 갖다 두었지요. 마치 텔레비전이 꽃인 양, 하늘을 보도록 곳곳에 놓았어요. 백남준의 번뜩이는 기발함을 엿볼 수 있는 작품이지요. 백남준은 이 작품을 통해 텔레비전도 자연과 충분히 어울릴 수 있다는 것을 보여 주었답니다.

"와! 텔레비전 꽃이 피었네!"

초록빛 열대 정원에 꽃 대신 피어난 텔레비전을 보며 사람들은 즐거워했어요. 관객들은 텔레비전 정원을 천천히 거닐며 평화로운 휴식을 누릴 수 있었어요. 〈텔레비전 정원〉은 텔레비전이 집 안에 있는 것이라는 고정관념을 과감하게 깨뜨려 버린 설치 작품이었죠. 꽃보다 텔레비전을 들여다보는 것을 더 좋아하는 사람들을 보면서, 도대체 왜 그럴까 궁금해 했기 때문에 만들 수 있었던 작품이에요.

백남준의 작품 가운데 더 유명한 건 1984년에 발표한 〈굿모닝 미스터 오웰〉이에요. 인공위성을 통해 전 세계에 동시 방영된 작품으로도

유명하지요. 〈굿모닝 미스터 오웰〉은 '바보상자'라고 맨날 구박받던 텔레비전이 세상을 얼마나 재미있고 풍요롭게 만들었는지 보여 주고 싶어서 만든 작품이래요. 뉴욕과 파리, 도쿄와 서울을 인공위성으로 연결해, 사람들이 동서양을 넘나드는 멋진 예술 체험을 할 수 있게 했지요.

〈텔레비전 정원〉이나 〈굿모닝 미스터 오웰〉처럼 백남준은 이제까지 그 누구도 하지 않았던 새로운 것에 늘 도전했어요. 사람들이 백남준더러 무모하다고 비판할 때도 전혀 신경 쓰지 않았고요. 새로운 것을 향한 백남준의 호기심은 아무도 말릴 수 없었거든요.

또 백남준은 지금껏 듣지 못한 새로운 음악에도 강렬한 호기심을 느꼈어요. 백남준이 독일에서 공부할 때 전위음악가 존 케이지의 음악을 처음 접하게 됐는데, 무척이나 놀라웠다고 해요.

"존 케이지의 음악을 처음 만났을 때 온몸에 소름이 쫙 돋는 것 같은 전율을 느꼈지요."

존 케이지의 음악은 전위음악이었는데, 오랫동안 내려온 전통적인 형식에서 벗어난 새로운 형식의 음악을 말해요. 마치 '소리 덩어리들'이라고 불러야 할 것 같은 존 케이지의 음악은 아주 낯설었지요. 그러나 백남준은 존 케이지를 통해 세상의 모든 소리가 음악이 될 수 있다는 깨달음을 얻게 돼요. 존 케이지와 만난 덕분에 백남준은 비디오 아티스트가 될 준비를 제대로 할 수 있었던 셈이에요. 그때부터 백남준에게는 모든 것이 새롭게 보였어요. 음악을 새롭게 체험하려고, 한밤중까지 하숙집에서 고래고래 소리를 질러 대기도 했지요. 오죽했으면 새벽 세 시에 집주인이 뛰어올라와 정신병원에 가지 않으려면 당장 조용히 하라는 협박까지 했겠어요.

백남준은 1996년 뇌졸중으로 쓰러져 한쪽 몸을 쓸 수 없게 되었을 때도 창작 활동을 멈추지 않았어요. 병실에서도 끝없이 스케치를 했대요. 평생 가난과 싸우면서 힘겹게 살았지만, 늘 반짝반짝 빛나는 호기심으로 세상을 바라보았지요. 세상을 처음 보는 아기의 시선으로 말이에요.

삶이 곧 예술이라 믿었던 백남준은 죽을 때까지 새로운 예술을 찾아가는 모험을 두려워하지 않았어요. 그래서 누구도 생각지 못한 새로운 예술을 끊임없이 만들어 낼 수 있었답니다.

여러분, 어떤가요? 호기심이 새로운 발견과 발명을 만들어 낸다는 얘기에 동의할 수 있겠지요? 호기심이야말로 우리가 경험하지 못한 놀라운 것들의 세계로 안내해 주는 열쇠랍니다. 그냥 스치고 지나가면 묻혀 버릴 것들이 호기심의 열쇠를 가져다 대면 놀라운 세상으로 변신해요.

세상에 호기심이 없다면, 우리는 늘 똑같은 생각만 하면서 지루하게 살아갈지도 몰라요. 그러나 이 호기심 열쇠를 잘 사용하면 새롭고 놀라운 것들을 많이 발견할 수 있을 거예요. 백남준처럼 누구도 생각하지 못하는 기발한 것들을 만들어 낼지 혹시 아나요?

3장 | 호기심이 넘치면 좀 어때? 괜찮아!

조금 더 생각해 보자

"호기심은
영원하고 확실한
활기찬 마음의
특징이다."

새뮤얼 존슨

영국의 평론가 새뮤얼 존슨은 왜 호기심을
가리켜 영원하고 활기찬 마음이라고 했을까요?
아마도 호기심 덕분에 삶이 새롭게 보이기 때문이
아닐까요? 세상에 태어난 지 얼마 안 된 아기들은
호기심이 많아서 뭐든지 경이롭게 바라보잖아요.
익숙한 것들도 호기심을 안고 바라보면 낯설고 다르게 보일 수
있답니다. 그리고 그 속에서 창조적인 발견과 발명이 시작될 수 있지요.

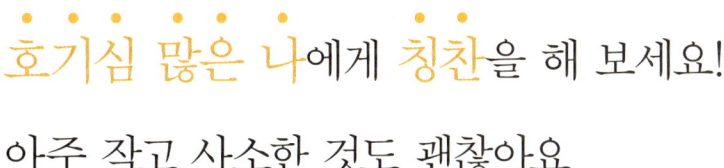

아주 작고 사소한 것도 괜찮아요.

이론물리학자
알버트 아인슈타인

4장

느리면 좀 어때? 괜찮아!

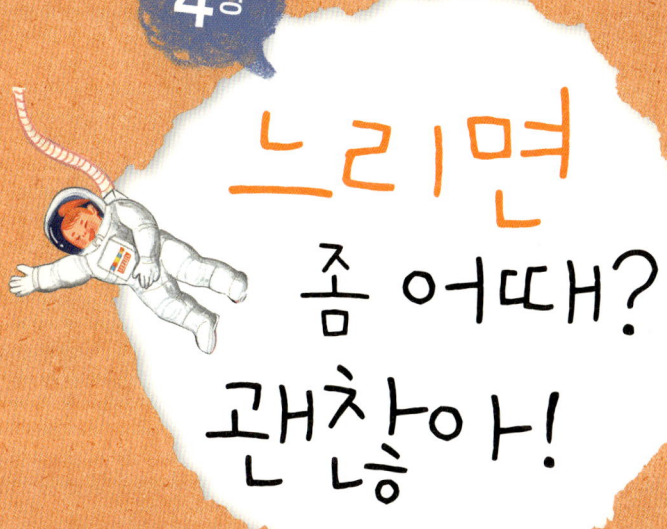

열한 살 주현이는 작은 도서관에서 하던 독서 치료 프로그램에서 만났어요. 치료실에 열 명쯤 되는 아이들이 모였는데, 주현이가 어찌나 조용한지 전혀 눈에 띄지 않았지요. 그래도 다른 아이들과는 다른, 아주 독특한 표정을 하고 있어서 마음이 갔지요. 초점 없는 멍한 눈으로 독서 치료 시간 내내 가만히 있다가 끝날 시간이 가까워지면 생뚱맞은 질문을 던지곤 했거든요.

주현이를 두 번째 만났을 때 자신을 동물이나 식물, 사물에 빗대 그림으로 그려 보는 시간을 가졌어요. 그림으로 자기소개를 대신하는 거였는데, 아이들이 그린 그림을 보면 그 아이의 마음속으로 들어가는 길이 보이는 것 같았지요. 아이들 스스로도 자신을 알아 갈 수 있는 좋은 기회였고요.

사람들은 모두 자신을 잘 안다고 생각하지만, 사실은 모르는 부분도 많거든요. 자기 안에 있는 또 다른 자신을 찾아 주는 것이 독서 치료가 주는 멋진 선물이기도 하답니다.

주현이는 달팽이를 그렸어요. 몹시 힘겨운 표정으로 무거운 집을 등에 지고 가는 달팽이가 자기라고 소개를 했지요.

"주현이는 왜 달팽이를 그렸을까?"
"달팽이 같으니까요. 뭐든 전, 느리거든요……."

그림을 보고 있자니 달팽이가 왜

그렇게 슬퍼 보이는지, 어디로 가고 있는지 궁금해졌어요.
"달팽이가 좀 힘들어 보이네. 어디로 가는 거야?"
그러자 주현이가 느릿느릿, 힘없이 대답했지요.
"달팽이 나라로요."
"거긴 왜 가는 건데?"
"달팽이 나라에는 달팽이들만 살 테니까요."
주현이는 자기가 그린 그림과 똑같았어요. 말도, 행동도 다른
아이들보다 느렸지요. 학교에서 별명도 나무늘보라고 했어요. 아이들이
주현이더러 "늘보야! 늘보!" 놀린다고 했지요. 주현이가 달팽이 나라로
가려는 건, 느리다고 놀림 받지 않을 수 있는 세상으로 가고 싶어서였을
거예요. 지금 이 세상에서 지고 가야 할 짐이 어찌나 무거운지,
달팽이는 참으로 힘겨워 보였답니다. 그런 주현이에게 꼭 맞는 그림책이
있었어요.
다음 시간에 그림책 《와작와작 꿀꺽
책 먹는 아이》를 함께 읽기로 했어요.
책 속에 나오는 헨리를 보면 주현이가
위로를 받을 거라 생각했거든요.
주인공 헨리는 너무 많은 책을, 너무
빨리 읽어 치우는 아이였어요. 책을
허겁지겁 씹지도 않고 삼키니 그 내용이
제대로 소화가 될 리가 없었지요.

> 와작와작 꿀꺽 책 먹는 아이
> 올리버 제퍼스 글·그림, 유경희 옮김,
> 주니어김영사
>
> 헨리는 책을 무척 좋아했어요. 어느 날 맛이
> 궁금해서 책을 먹기 시작한 헨리는 엄청난 속도로
> 책을 먹어 치우기 시작해요. 그리고 책을 계속
> 먹으면 세상에서 가장 똑똑한 사람이 될 거라고
> 생각하지요. 하지만 너무 많은 책을 빨리 먹는
> 바람에 그만 몸이 아프기 시작해요. 소화시킬
> 시간이 없었으니까요. 책 먹는 걸 그만둔 헨리는
> 이제 책을 읽기 시작해요. 먹는 것보다는 시간이
> 오래 걸리겠지만 책을 계속 읽으면 세상에서 가장
> 똑똑한 사람이 될 거라고 생각하지요.

그런데도 헨리는 책 먹는 걸 멈추지 않았어요. 책을 많이 먹을수록 더 똑똑해질 거라는 생각에 수많은 책들을 엄청난 속도로 와작와작 꿀꺽! 결국 헨리는 똑똑해지기는 했지만, 문제도 함께 생겼답니다. 아무렇게나 마구 삼킨 책들이 헨리를 아프게 한 거예요. 다른 아이들은 그저 재미있다고 웃으면서 책을 보는데, 주현이는 달랐어요.

"그래도 빨리 읽는 게 좋아요. 느리면 또 느리다고 뭐라 그래요."

"음, 주현이는 느린 것보다 빠른 게 더 좋은 모양이구나?"

"네……."

주현이는 비록 배탈이 나더라도 느리게 읽는 것보다는 헨리처럼 빠르게 읽는 게 낫다고 생각하는 거였어요. 주현이는 왜 그런 생각을 갖게 됐을까요?

주현이한테는 나이가 많은 형과 누나가 있다고 했어요. 늦둥이로 태어났거든요. 부모님은 두 분 다 일을 하시고, 형이랑 누나는 학교 수업이 늦게 끝나 주현이 혼자 있는 시간이 많았다고 해요. 나도 늦둥이였기 때문에 주현이 마음이 어땠을지 짐작이 됐답니다.

주현이는 늘 혼자만 있다 보니 다른 사람을 어떻게 대해야 하는지, 사람들 앞에서 어떻게 행동해야 하는지 제대로 배우지 못했어요. 그래서 사회성이 좀 모자란다는 이야기도 듣곤 했나 봐요. 사람들이

"사회성이 좋다" "사회성이 발달되었다" 하는 건, 어울려 이야기도 잘 나누고 놀기도 잘 하는 이에게 하는 말이잖아요. 그런데 주현이는 혼자 있는 시간이 많다 보니, 누구랑 어울리는 것보다는 혼자 있는 게 더 편해지고 만 거였지요.

선생님도 주현이더러 느리다고 뭐라 하시고, 아이들도 느리다고 놀리니까 주현이는 뭘 해도 머뭇거리는 아이가 되고 말았어요. 자신 없이 느릿느릿 주저하면서 말이에요.

난 빠른 것이 좋을 때도 있지만 느린 것이 더 좋을 때도 있다는 것을 주현이에게 알려 주고 싶었어요. 《와작와작 꿀꺽 책 먹는 아이》에서 헨리가 책을 급하게 먹지 않고 또박또박 읽기 시작한 뒤에야, 더 즐겁게 책을 읽을 수 있었던 것처럼요.

주현이와는 그림책 《프레드릭》도 함께 읽었어요. 주인공 프레드릭은 《와작와작 꿀꺽 책 먹는 아이》의 헨리와는 정반대 성격이었지요. 들쥐들은 겨울이 다가오자 옥수수와 나무 열매를 열심히 모았어요. 추워지기 전에 빨리빨리 겨울 준비를 마쳐야 했으니까요. 하지만 주인공 프레드릭은 함께 일하지 않고, 그저 혼자 조용히 구석에 앉아 있기만 해요. 다른 들쥐들은

프레드릭 레오 리오니 글·그림, 최순희 옮김, 시공주니어

들쥐 프레드릭은 다른 들쥐들과는 참 달라요. 다른 들쥐들은 프레드릭을 굼뜨고 게으르게만 보았지만, 프레드릭도 나름 일을 하고 있는 거였어요. 춥고 어두운 겨울을 위해 햇살을 모았고, 온통 잿빛이 될 겨울이 지루하지 않게 색깔도 모은 거예요. 다른 들쥐들은 그런 프레드릭을 비웃었지만 나무 열매와 곡식이 떨어지자 프레드릭이 모은 햇살과 색깔, 그리고 이야기는 큰 힘을 발휘하지요. 들쥐들은 프레드릭 덕분에 긴 겨울을 지루하지 않게 보낼 수 있었답니다.

그런 프레드릭을 이해하지 못했지요.

"프레드릭! 넌 왜 일을 안 하니?"

들쥐들이 묻자 프레드릭은 말했답니다.

"나도 일하고 있어. 난 춥고 어두운 겨울날들을 위해 햇살을 모으는 중이야."

"색깔을 모으고 있어. 겨울엔 온통 잿빛이잖아."

"난 지금 이야기를 모으고 있어. 기나긴 겨울엔 애깃거리가 동이 나잖아."

프레드릭도 주현이처럼 굼뜬 들쥐였어요. 얼핏 보면 게을러 보일 수도 있고요. 그러나 프레드릭이 없었다면 들쥐들은 그 길고 험난한 겨울을 어떻게 보냈을지 몰라요. 느리고 찬찬한 프레드릭이 아니었다면 햇살도 색깔도 모을 수 없었을 거예요.

프레드릭이 들쥐들에게 이야기를 들려주는 부분에서 주현이는 눈을 반짝반짝 빛냈어요. 느린 게으름뱅이로 천덕꾸러기 취급을 받던 프레드릭이 멋지게 변신을 했으니까요.

"프레드릭이 느린 게, 다 이유가 있었던 거네요."

그 뒤로도 친구들은 여전히 주현이를 "늘보야!" 하면서 놀려 댔고, 주현이는 속상해했지만, 그래도 예전보다는 덜해 보였지요. 들쥐 프레드릭이 전해 준 위로 덕분인 것 같아요.

어린이 여러분, 혹시 그거 알아요? 상대성이론으로 유명한 과학자

70 조금 다르면 어때?

아인슈타인도 어렸을 때는 느리다고 타박을 많이 받았대요! 생각도 느리고 행동도 느리다고 친구들이 놀리고, 선생님도 뭐라 했다지 뭐예요.

그런데 지금은 어떤가요? 아무도 아인슈타인이 느리다고 놀리지 않아요. 아인슈타인이 느리게 생각하고 천천히 행동한 것이 세계를 깜짝 놀라게 한 과학적 발견에 도움이 되었으니까요. 주현이도 어쩌면 아인슈타인처럼 큰일을 해내는 사람이 될지도 몰라요.

아인슈타인을 함께 만나 볼까요?

우주의 신비를 밝힌 힘, 느리게 생각하기!

알버트 아인슈타인은 1879년 독일 바바리아 지방의 울름에서 태어났어요. 어린 아인슈타인은 조금도 천재처럼 보이지 않았대요. 네 살이 될 때까지 말도 못 했다고 하니까요. 아인슈타인의 부모님은 걱정을 많이 했지요.

"다른 아이들보다 많이 느리네요. 걱정돼요."

"혹시 지능에 문제가 있는 건 아닐까?"

다행히 나이가 들면서 아인슈타인은 조금씩 말을 하기 시작했어요. 그래도 여전히 참 조용한 아이였지요. 친구들과도 잘 어울리지 못했고요. 친구들과 노는 대신 아인슈타인은 나무와 꽃, 동물들을 관찰하는 것을 좋아했어요. 학교에 들어가서도 마찬가지였어요. 친구들과 어울리는 것보다 혼자 노는 시간이 더 많았어요. 친구들은 혼자만의 세계에 빠져 있는 아인슈타인을 이해하지 못했지요. 아인슈타인 또래의 남자아이들은 전쟁놀이에 빠져 있었지만, 아인슈타인은 전쟁놀이보다는 기계를 더 좋아했지요. 아인슈타인은 아버지가 운영하는 작은 공장에 가서 넋을 잃고 기계를 구경하곤 했어요. 기계들이 저절로 서로 맞물리면서 돌아가는 모습은 아무리 봐도 지루하지 않았거든요.

"우와! 기계들이 돌아가는 모습이 마술 같아요!"

그러니 학교가 즐거울 리 없었어요. 수학과 라틴어는 좋아했지만 다른 수업은 모두 지루하기만 했지요. 아인슈타인은 혼자만의 생각에 빠져 있는 때도 많아서, 선생님이 질문을 해도 바로 대답하지 못할 때가 많았어요. 자로 손바닥을 얻어맞는 아인슈타인이라니, 상상이 되나요?

"아인슈타인은 느려 터졌어."

"게으르기까지 하지."

"왜 그렇게 산만할까?"

선생님들은 아인슈타인만 보면 한숨을 내쉬었답니다. 심지어 어떤 선생님은 아인슈타인에게 "넌 커서 절대로 쓸모 있는 사람이 되지 못할 거야."라고까지 말했답니다. 그러니 아인슈타인이 점점 학교에 가기 싫어할 밖에요.

아인슈타인이 가장 좋아한 사람은 야코프 삼촌이었어요. 야코프 삼촌이 동물원에도 데려가고 서커스도 보여 주었거든요. 삼촌이 던지는 엉뚱한 질문들을 통해 어린 아인슈타인의 마음속에는 질문들이 자라나기 시작했지요. 아인슈타인은 학교에서도 마음속에 떠오른 질문을 쏟아 내기 시작했어요. 그러나 선생님들은 엉뚱한 질문으로 수업 분위기만 해친다고 싫어했지요.

"그런 질문은 지금 우리가 배우는 수업과는 전혀 상관없어!"

"아인슈타인! 도대체 네 머릿속에는 뭐가 있는 거니? 그런 얼토당토않은 질문을 하다니, 참!"

한마디로 학교에서는 아인슈타인이 골칫덩어리였어요. 선생님 중 그 누구도 아인슈타인이 위대한 물리학자가 될 거라고 생각하지 못했어요.

아인슈타인이 느리기는 했지만, 집중력은 놀라웠대요. 대여섯 살 때 나침반을 선물 받았을 때였어요. 아인슈타인은 나침반을 이리저리

돌려 보면서 바늘이 처음 자기 자리로 돌아오는 모습을 몇 시간이나 바라보았다고 해요. 나침반 바늘이 저 혼자 움직이는 모습을 눈으로 확인할 때까지 말이에요. 아인슈타인은 느리게, 끈기 있게 바라볼 줄 아는 아이였던 것이지요.

아인슈타인이 1905년과 1916년에 상대성이론을 발표했을 때, 세상은 깜짝 놀랐어요. 그 어떤 물리학자도 발견하지 못했던 것을 아인슈타인이 발견했으니까요. 상대성이론은 물리학의 새로운 틀을 만들었는데, 사람들은 상대성이론으로 빛보다 더 빠른 속도로 달릴 수 없다는 걸 알게 되었지요. 또 빛을 포함한 세상의 모든 것이 중력의 영향을 받는다는 것도 알게 되었고요. 우주가 어떻게 탄생했는지, 블랙홀은 무엇인지도 아인슈타인은 설명할 수 있었어요. 아인슈타인의 상대성이론은 그 이전의 물리학이 설명할 수 없었던 많은 것을 사람들에게 알려 주었어요.

그런데 이렇게 세상을 깜짝 놀라게 한 상대성이론이 나오기까지, 아인슈타인이 특별히 시간을 들여 연구를 했던 것은 아니랍니다. 아인슈타인은 스위스 베른의 특허국에서 전기공학자로서 날마다 열심히 일을 했을 뿐이었죠. 그리고 회사에서 일하는 틈틈이 연구를 한 거였어요.

아인슈타인의 연구 철학은 다른 사람들과 많이 달랐어요. 마치 달팽이가 천천히 걸어가듯 생각의 생각을 이어 가는 릴레이 같았지요. 주위 사람들이 "무엇을 연구하시오?", "연구 결과가 나왔소?" 하고

74 조금 다르면 어때?

물어볼 때마다 아인슈타인은 싱긋 미소 지으며 말했거든요.
"나는 생각하고 또 생각해요. 몇 달, 몇 년 동안 그냥 생각하지요. 아흔아홉 번은 그릇된 결론을 얻지만, 백 번째에 이르러 정답을 찾기도 해요. 비로소 옳은 결론에 도달하는 거지요."
아인슈타인이 뭐든 빨리빨리 하는 급한 성격이었다면, 오랜 시간 되새김질하면서 생각하고 연구를 할 수 있었을까요? 그랬더라면 상대성이론은 어쩌면 발견되지 못했을 거예요. 아인슈타인의 느리고 꼼꼼한 성격 덕분에 같은 주제를 생각하고 또 생각할 수 있는 힘이 생긴 거였으니까요.
아인슈타인은 노벨물리학상도 받고, 존경받는 과학자로 살게 돼요. 그러다 미국이 일본의 히로시마에 원자폭탄을 떨어뜨려 수많은 사람들이 죽자 엄청난 죄책감에 빠지지요. 가슴 아픈 일이지만 원자폭탄은 아인슈타인 덕분에 만들어졌거든요. 아인슈타인이 물질에 커다란 에너지가 있다는 것을 처음 밝혀냈으니까요.
그 후 아인슈타인은 세계 평화를 위해 애써야 한다고 소리 높여 외치기 시작했답니다. 느리기 짝이 없었던 한 소년이 위대한 과학자가 되고, 평화를 위해 애쓰는 모습이 참으로 감동적이에요.

어린이 여러분, 어때요? 느리다는 게 꼭 나쁜 것만은 아니란 것을 알겠지요? 차를 타고 갈 때는 보이지 않던 것들이 천천히 걸어갈 때면 하나하나 눈에, 마음에 들어오는 걸 느낀 적이 있을 거예요.

아인슈타인은 그렇게 세상을 천천히 걸어서 지나가는 산책자였답니다. 느린 걸음으로 세상 속 사물들 사이를 걸어 다녔지요. 그런 아인슈타인의 느릿느릿함이 우주의 신비를 캐내는 출발점이 되어 주었어요. 그러니 느림은 단점이라기보다 삶이 숨긴 보물을 찾아내게 해 주는 지혜라고 봐야 할 것 같아요.

혹 여러분 중에도 말도, 행동도 느리다고 놀림을 받은 사람이 있다면 그걸 놀림이라 여기지 말고 칭찬이라고 받아들여 보세요.

느리게 가는 여러분이야말로 커다란 선물을 받을 자격이 있는 사람들이랍니다.

조금 더 생각해 보자

"천천히 걷는 자에게 지나치게 먼 길은 없다."

라 브뤼예르

17세기 프랑스의 작가 라 브뤼예르가 한 말이에요. 천천히 걷는 자에게 지나치게 먼 길이 없다는 말은 무슨 말일까요?
만약 빨리 가고 싶다면 지금 걷는 길이 멀게만 느껴질 거예요. 마음이 앞서기 때문에 가까운 거리도 멀게 느껴질 수 있지요. 하지만 천천히 걷는다면, 마음속에 자기도 모르게 여유로운 공간이 만들어지지요. 내가 가는 길이 먼 길처럼 느껴지지 않는다면, 꿈을 조급하지 않게, 차곡차곡 쌓아 올릴 수 있을 거예요.

느린 나에게 **칭찬**을 해 보세요!

아주 작고 사소한 것이라도 괜찮아요.

화가
프리다 칼로

5장
외로우면 좀 어때? 괜찮아!

처음 만났을 때 정민이는 아무것에도 관심이 없는 무표정한 얼굴을 하고 있었어요. 힘도 없어 보였고 우울해 보였지요. 정민이와는 복지관 독서 치료 프로그램에서 만났는데 일주일에 한 번씩, 모두 열두 번을 함께했어요. 수업을 할 때마다 나는 색종이가 수북이 든 상자를 아이들에게 내밀었답니다.

"지금 자기 마음과 가장 비슷한 색깔의 종이를 골라 보세요."

프로그램을 함께한 여덟 명의 아이들은 그날그날 마음이 어떤지에 따라 색종이를 골랐어요. 상자 속에서 빨강, 노랑, 파랑, 초록, 보라… 온갖 색깔을 뒤적이며 날마다 다른 색종이를 골라냈어요. 그러고는 그날 자기 마음이 왜 그런 색깔인지 까닭을 설명했지요. 난 아이들이 색종이를 고르면서 스스로 자기 마음 상태를 들여다보기를 바랐어요.

그런데 유독 정민이는 번번이 회색 색종이만 꺼내 들었어요.

"그냥 제 마음은 늘 회색 같아요."

정민이는 아주 무심한 표정으로 심드렁하게 말했어요. 독서 치료에서 아이들을 만나면서 가장 힘든 게 바로 그런 순간이지요. 아무 반응 없이 무표정하게 말하는 친구들을 만날 때 말이에요. 굳게 닫힌 채 열리지 않는 문 앞에 선 기분이었어요. 그런 친구들의 마음을 이해하기란 쉽지가 않거든요.

정민이도 처음에는 꽉 닫힌 문 같았어요. 다시 열리지 않을 문처럼 보였지요. 그러다 조금씩 그 문이 열리는 느낌이 들었어요. 상처 받기 두렵다고, 많이 외롭다고, 누군가 자신을 이해해 주었으면 좋겠다고 속삭이는 정민이의 목소리가 문 뒤에서 들리는 것 같았지요.

정민이가 왜 문을 꼭꼭 걸어 잠그게 됐는지는 나중에야 알게 됐어요. 정민이의 부모님은 정민이가 한 살 때 이혼을 하셨대요. 정민이는 태어나서 단 한 번도 아버지를 만난 적이 없다고 했어요. 정민이 엄마가 정민이 아빠를 더 이상 보고 싶어하지 않았기 때문이래요.

정민이는 외할머니, 외할아버지, 그리고 엄마와 함께 살고 있어요. 가족 누구도 정민이 앞에서 아버지 이야기를 하지 않았지요. 정민이도 그런 분위기 때문에 아버지 이야기는 꺼낼 수가 없었어요. 커다란 코끼리가 집 안을 막 돌아다니는데, 식구들은 아무도 그 코끼리가 보이지 않는 척하고 있는 것과 같은 상황이었어요. 정민이 마음속 비밀은 점점 커져만 갔답니다.

그렇게 지내는 동안 정민이는 자기 마음을 남에게 다 보여 주면 안 된다는 생각을 하게 된 것 같아요. 그러나 그렇게 아무에게도 마음을 터놓지 못하면 누구나 외로워져요. 결국 정민이는 학교에 들어가서도 친구 없이 혼자 지내는 아이가 되고 말았어요.

아이들과 어울리지 못하고 혼자 떨어져 있는 정민이를 보니, 외로웠던 제 어린 시절이 떠올랐답니다. 늘 혼자 돌아다니던 쓸쓸한 시간들이 아프게 되살아났지요. 그때의 나처럼 마음의 문을 열지 못하고 있는 정민이가 너무 안타까웠어요. 그래서 더더욱 정민이 마음의 문을 열심히 두드리기 시작했어요.

정민이를 열 번째 만나는 날이었어요. 그날은 점토로 자기 모습을 빚어 보자고 했지요. 아이들은 점토를 조물조물 만지면서 자기 모습을 만들어 갔어요. 시작한 지 5분쯤 지났을 때, 정민이가 내게 다가왔어요.

"점토 한 덩이 더 주세요."

독서 치료를 함께한 뒤 정민이가 먼저 말을 건 것도, 그렇게 적극적인 행동을 보여 준 것도 처음이었어요. 얼마나 반갑던지요. 기쁜 마음으로 점토 한 덩어리를 더 주었어요. 그런데 정민이는 가져간 점토 덩어리를 밀가루 반죽하는 것처럼 투덕투덕 뭉치더니 책상에다 툭툭 패대기를 치지 않겠어요? 그렇게 만든 덩어리를 넓적하게 펴더니 두께가 1센티미터 정도 되는 커다란 얼굴을 만들었답니다.

다른 아이들이 주먹만 한 크기로 점토를 빚어 동물이나 사람 전신상을 만든 데 비해, 정민이가 만든 얼굴은 아주 특별해 보였어요. 크기도 컸고요.

"정민아! 이게 너야?"

정민이는 말없이, 그 점토를 자기 얼굴에 턱 갖다 댔어요. 그래요, 정민이가 만든 건 가면이었던 거예요! 가면 뒤로

자꾸만 숨고 싶어하는 정민이의 마음이 그렇게 드러난 것 같아서
마음이 아팠어요. 그리움을 마음껏 표현하지 못하는 답답함, 외로움을
안고 사는 정민이의 아픔이 가득 전해졌지요. 외롭다고 말하지 못하는
마음까지도요. 그리고 가면을 쓴 정민이는 이렇게 말하는 것 같았어요.
'외로워요! 내 얘기를 좀 들어 주세요!'

가면을 쓰면, 쓰지 않았을 때는 하지 못했던 말을 자유롭게 할 수 있게
된다는데, 어쩌면 정민이는 하고 싶은 말이 늘 그렇게 많았는지 몰라요.
정민이와 함께 그림책 《코끼리가 있어요》를 읽을 때 정민이 마음도
조금씩 열리는 게 느껴졌지요.

주인공 남자아이는 공중에 붕 떠
있는 하얀 코끼리를 볼 수 있었어요.
길에서도, 학교에서도, 야구를 할 때도,
자전거를 탈 때도, 버스나 지하철
안에서도, 심지어는 장례식장에서도
코끼리가 보였어요. 그림책에는 표정
변화 없이 무표정하기만 한 주인공이
나오는데, 꼭 정민이 같았어요.
다른 사람들은 그 코끼리를 전혀 못

코끼리가 있어요 고미 타로 글·그림,
방연실 옮김, 청년사

소년에게는 언제, 어디서나 코끼리가 보여요.
혼자 걸어가고 있을 때, 친구들과 야구하고
있을 때, 아플 때, 누군가에게 위로받고 싶을 때
어김없이 나타나지요. 소년의 마음을 알아주는
친구예요. 다른 사람들 눈에는 안 보여요. 오직
주인공 남자아이의 눈에만 보이는 코끼리랍니다.

봐요. 오직 남자아이 눈에만 보이는 코끼리는 아이가 어디에 있든
아이를 응원해요. 힘을 주고, 보살펴 주고, 걱정해 주고, 위로해 주고,
길도 찾아 주지요. 그림책의 말미에 아이는 공중에 붕 나타난 하얀

5장 | 외로우면 좀 어때? 괜찮아! 85

코끼리를 보며 말한답니다.

"내 코끼리예요. 내 맘을 잘 알아요."

책을 읽고 아이들에게 자기만의 하얀 코끼리가 있다면 무슨 말을 하고 싶은지 써 보라고 했지요. 정민이도 지금까지와는 다르게 긴 글을 써냈지요.

"나한테도 나만 볼 수 있는 하얀 코끼리가 있으면 좋겠어요."

그 말은 정민이가 세상으로 나오겠다는 작은 선언 같았어요. 도무지 열릴 것 같지 않던 마음의 문, 외로움의 빗장을 열고 자기 마음속을 들여다보기 시작했다는 증거처럼 보였지요. 그런 정민이를 보니 내 마음까지 시원하게 열리는 것 같았답니다.

어린이 여러분, 혹시 그거 알아요? 멕시코의 유명한 화가 프리다 칼로도 무척이나 외로운 아이였다는 거! 프리다 칼로는 어렸을 때 소아마비를 앓아 평생을 누워 지내야 했어요. 계속되는 병으로 힘겨운 삶을 보내야 했지요. 그런데 남들이 보기엔 엄청나게 절망만 할 수 있는 환경에서도 프리다 칼로는 용기를 잃지 않았대요. 프리다 칼로의 외로움이 오히려 세상에 길이 남을 위대한 작품을 만들어 낸 힘이 되었다고 하네요.

참 궁금하지요? 어떻게 그렇게도 힘들고 외로운데 사람들의 마음에 감동을 줄 작품을 만들었는지.

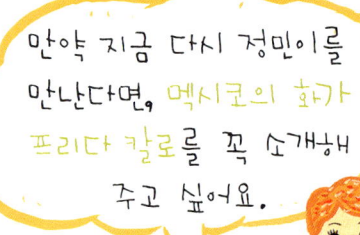

만약 지금 다시 정민이를 만난다면, 멕시코의 화가 프리다 칼로를 꼭 소개해 주고 싶어요.

외로움이 준 그림 속 영감의 세계!

프리다 칼로는 1907년, 멕시코의 꼬요아깐이라는 곳에서 태어났어요. 부드러운 다갈색 머리에 발그레한 볼을 한 프리다 칼로는 어디에서나 빛이 나는 아이였지요. 호기심도 많고, 늘 장난치는 개구쟁이로도 유명했답니다. 교회에서 하는 교리 문답 수업 시간에는 동생 크리스티나와 몰래 빠져나와 집 가까이에 있던 과수원에 놀러 가곤 했대요. 과수원 주인 몰래 과일을 따 먹으며 놀았다지요.

그러다 프리다가 여섯 살이 되던 해에 개구쟁이 프리다는 사라지고 조용한 아이가 되고 말았어요. 어느 날 프리다의 온몸에 열이 났는데, 가족들은 그저 감기인 줄로만 알았지요. 그런데 열이 내리질 않고, 프리다 칼로는 머리가 깨질 듯 아프다고, 다음에는 다리가 아프다고 비명을 질렀어요.

병원에 갔더니 소아마비라고 했어요. 그때부터 아홉 달 동안 프리다는 침대에 누워 꼼짝을 못 했지요. 호두로 만든 약물과 뜨거운 찜질로 다리를 치료했지만 다시는 걷지 못했답니다. 그때부터 프리다 칼로는 또래 친구들과 놀 수가 없었어요. 다리가 아파 늘 침대에 누워 있어야 했으니까요.

그러나 프리다는 상상 속 친구를 불러내 함께 상상 여행을 떠났어요. 어느 날 프리다가 김이 서린 유리창에 손가락으로 문을 그리자 그 문이 진짜 살아 있는 것처럼 열리더래요. 문을 열고 밖으로 나가자 상상 속 친구도 동행해 주었고요.
프리다는 상상 여행을 하면서
혼자 침대에서 많이 힘들었다고,
참 외로웠다고 상상 속 친구에게
마음속 이야기를 털어놓았답니다. 그러자
이상하게 마음이 편해졌어요. 상상 속 친구가
프리다의 마음을 다 이해해 주는 것 같았지요.

다시 현실로 돌아왔을 때 프리다의 마음은 푸른 하늘로 꽉 들어찬 것처럼 행복해졌어요. 손가락으로 김 서린 창문을 문지르자 문은 금방 사라져 버렸지만, 상상 속 친구와 나누었던 시간은 프리다의 머릿속에서 점점 더 생생해졌답니다.

어른이 되어서도 프리다는 상상 속 그 친구를 잊지 않았다고 해요. 편치 않은 몸 때문에 힘들고, 사람들에게 상처를 받을 때마다 프리다는 상상 속 친구를 생각했지요.

1939년에 프리다가 세상에 선보인 작품 〈두 명의 프리다〉에서 바로 프리다 칼로의 어린 시절 상상 속 친구를 만나 볼 수 있어요. 프리다 칼로는 어린 시절 상상 속 친구가 도와준 덕분에 이 그림을 그릴 수 있었다고 소개했지요. 가장 외롭고 힘들었던 시간이 프리다 칼로가 위대한 작품을 그릴 수 있게 한 밑거름이 되어 준 거였어요.

외로움은 프리다에게 또 다른 자신을 만날 수 있는 소중한 기회였던 셈이에요. 프리다가 외롭고 힘들다며 주저앉았다면, 어른이 됐을 때도

88 조금 다르면 어때?

상상 속 친구를 기억해 내지 못했을 거예요. 자신의 외로움과 똑바로 마주했기 때문에 나중에 〈두 명의 프리다〉 같은 작품을 선보일 수 있었던 거지요.

사실, 프리다 칼로의 불행은 소아마비가 끝이 아니었어요. 소아마비로 한쪽 다리를 못 쓰게 된 것도 모자라 열아홉 살에는 전차를 타고 가다 척추가 여러 조각으로 조나고 골반이 부서지는 사고를 당하고 말았거든요. 그 뒤 석고와 가죽, 강철로 만든 무거운 코르셋을 입지 않으면 몸을 일으키지도 못할 지경이 되지요.

그러나 몸이 으스러지는 고통 속에서도 프리다는 절망하지 않았어요. 상황은 점점 나빠졌지만 프리다는 결심해요. 한 번뿐인 자신의 삶을 사랑하기로요. 그래서 공중에 거울과 캔버스를 매단 채 침대에 누워 자기 얼굴을 그리기 시작했어요. 거울 속에서 프리다가 본 것은 움직이지 못하는 만신창이 몸이었지만, 프리다는 거울에 비친 자신의 모습을 외면하지 않았어요. 자신의 고통을 똑바로 바라보았지요. 혼자만의 외로움을 바라보았던 거예요.

그래서인지 프리다의 그림은 실제로 겪은 고통의 흔적들로 가득하답니다. 평생 150여 점의 그림을 그렸는데, 대부분 자신의 모습을 그린 자화상이었고요. 1970년대에 이르러 프리다 칼로의 작품은 전 세계의 주목을 받기 시작했어요.

〈헨리 포드 병원〉, 〈나의 탄생〉, 〈다친 사슴〉…… 이런 주옥같은 작품은 사람들의 마음에 큰 감동을 주게 된답니다. 그러자 멕시코 정부는 1984년에 프리다 칼로의 그림을 멕시코의 국보로 지정했답니다. 소아마비와 교통사고로 평생 30여 차례나 수술을 받았지만, 프리다 칼로는 자신의 외로운 삶을 멋진 예술 작품으로 표현하는 데 성공한 셈이에요.

여러분이 프리다 칼로였으면 어땠을까요? 몸이 아파서 늘 혼자 지내야 했던 프리다 칼로는 참 외로웠겠지요. 그런데 외롭다고 울거나, 절망만 하지 않았어요. 오히려 외로움 속에서, 그 외로움을 발판으로 세상에 길이 전해질 수많은 작품을 만들었지요. 참 놀라워요. 외로움을 좋아하는 사람은 아무도 없고, 누구도 외로워지기를 바라지는 않으니까요. 그만큼 외로움은 우리가 만나고 싶지 않은 감정일 거예요. 그런데 프리다 칼로는 달랐죠. 오히려 외로움이 프리다에게 용기를 가져다주었어요. 또 외로움을 통해 삶이 아름다운 걸 더 절실히 알게 되었고요. 그래서 프리다 칼로의 삶에서 우리가 배울 게 참 많답니다. 혹시 어린이 여러분 중에 세상에 혼자만 있는 것 같아 외로운 친구가 있나요? 지금 그 외로움이 나중에 어떤 보석으로 변할지는 아무도 모른답니다. 그런 친구들이 있다면 프리다 칼로를 보며 용기를 얻었으면 좋겠어요. 상상 속 친구도 잊지 말고요.

조금 더 생각해 보자

"이 세상에서
가장 강한 인간은
고독 속에서 혼자 서는
인간이다."

헨리크 요한 입센

노르웨이 출신의 유명한 극작가 입센이 한 말이에요.
이 세상에서 가장 강한 인간은 왜 고독 속에서 혼자 서는
인간일까요? 그만큼 외로움은 사람을 강하게 훈련시키는 도구이기
때문 아닐까요?
외로움은 어떻게 바라보는지에 따라 보약이 될 수도, 독이 될 수도
있어요. 외로운 나를 내가 위로하고 격려해 준다면 아마도 조금씩
강해지는 자신을 발견할 수 있을 거예요.

외로운 나에게 칭찬을 해 보세요!

아주 작고 사소한 것도 괜찮아요.

생물학자
찰스 다윈

6장

공부 못하면 좀 어때? 괜찮아!

영수는 학교 방과 후 수업에서 만났어요. 영수는 열 살이었는데, 첫 시간에 함께 문장 놀이를 하게 됐어요. "내가 가장 싫어하는 것은 ○○이다"라는 문장을 채우는 놀이였는데 영수는 망설임 없이 빈 칸에 '공부'를 적어 넣더라고요. 영수가 '공부'를 적어 놓은 걸 보고 처음에는 뭐, 아이들이니 당연히 그럴 수 있다고 생각했어요.

이런 식으로 빈 칸을 채우는 문장 놀이를 하면 아이들의 속마음을 엿볼 수 있어서 좋아요. 아이들이 자기도 모르게 자기 마음을 표현하는 경우가 많아서, 주로 독서 치료 첫 시간과 마지막 시간에 하지요.

'색깔로 마음 칠하기' 놀이로도 아이들 마음을 들여다볼 수 있어요. 아이들이 어떤 색깔로 자기 마음을 색칠하는지를 보면, 그 아이의 마음을 엿볼 수 있거든요. 자기 마음을 왜 그런 색깔로 칠했는지 물어보면 마음을 열어 설명을 해 주기도 하고요.

그런데 영수는 온통 빨간색으로 마음을 칠했더라고요. 영수는 하트 모양으로 그려진 마음에다가 오로지 빨간색만 채워 넣었어요. 금방이라도 폭발할 것 같은 강렬한 색깔이었어요. 영수에게 마음이 왜 빨간색이냐고 물어보자 재빠른 대답이 돌아왔어요.

"답답해서요. 그냥 팍 터져 버릴 것 같아요."

그게 바로 영수의 마음이었답니다.

우리는 상상 놀이도 함께했어요. 자기가 되고 싶은 것을 상상한 뒤, 그게 무엇이든 그려 보는 놀이였지요. 그때 영수는 구름을 그렸어요.

"왜 구름을 그린 거야?"

"구름이 되면 아무 데나 자유롭게 막 돌아다닐 수 있잖아요."

영수는 학교를 답답해하고, 학교 오는 것도 싫어하는 아이였어요. 그러니 지루한 학교를 떠나 구름처럼 돌아다니고 싶은 마음이 들었던 것이겠죠.

다섯 번째 시간에 우리는 그림책 《지각 대장 존》을 함께 읽었어요. 그림책의 주인공은 제목 그대로 지각 대장이에요. 학교에 가려고 늘 일찍 집을 나서기는 하는데, 언제나 지각을 하지요. 그런데 "왜 지각을 했나?"고 물어보는 선생님에게 말하는 존의 대답은 매번 다르고 매번

지각 대장 존 존 버닝햄 글·그림,
박상희 옮김, 비룡소

날마다 학교 가는 길에 예상치 못한 일로 지각을 하는 존은 그때마다 선생님께 지각한 이유를 말하지만 선생님은 믿지 않아요. 선생님은 이 동네에서는 그런 일이 일어날 수 없다고 말하며 존에게 벌을 주지요. 어느 날, 학교 가는 길에 아무 일도 일어나지 않자 존은 제시간에 학교에 갈 수 있었어요. 그런데 선생님이 고릴라에게 붙들려 천장에 매달려 있네요. 선생님이 도와달라고 하자 존은 "이 동네 천장에 커다란 털복숭이 고릴라 따위는 살지 않아요!" 하고 말하지요.

재미있답니다.

"학교에 오는데 하수구에서 악어 한 마리가 나와서 제 책가방을 물었어요. 제가 장갑을 던져 주니까 그제서야 놓아 주었어요. 장갑은 악어가 먹어 버렸고요. 그래서 지각했어요, 선생님."

선생님은 존의 말을 믿지 않아요. 오히려 존은 학교에 남아 벌을 받아야 했지요. "악어가 나온다는 거짓말을 하지 않겠습니다. 또, 다시는 장갑을 잃어버리지 않겠습니다."란 글을 무려 3백 번이나 써야 했다니까요! 하긴 존의 말을 있는 그대로 믿어 주기는 쉽지 않았을 거 같지요?

그 뒤로도 존은 계속 지각을 해요. 사자가 덤불에서 튀어나와 바지를 물어뜯고, 파도가 덮치기도 하니 지각을 할 수밖에요. 물론 선생님은 존의 이야기를 한 번도 믿어 주지 않았어요. 믿어 주기는커녕 거짓말했다고 노발대발 화를 내며 벌을 주지요.

"선생님이 존의 말을 믿어 주었더라면 어떻게 됐을까?"

아이들에게 물었더니 여기저기서 신 나게 이야기를 쏟아 내요.

"존이 기분 좋았겠죠."

"만약 그랬다면 그 선생님은 짱 좋은 거예요!"

"존이 거짓말한 건 맞잖아요. 선생님이 그러실 만해요."
아이들의 많은 대답 중에서 영수의 대답이 인상적이었어요.
"선생님이 믿어 주었으면 존은 거짓말 안 할 거예요."
영수는 존이 진짜로 바랐던 게 뭔지 정확히 알고 있었던 거예요. 영수도 사람들이 자기를 믿어 주기를 바라고 있었던 걸까, 하는 생각이 그제야 들었어요.

영수가 가장 듣기 싫은 말은 "넌 커서 뭐가 되려고 그러니?"래요.
학교는 물론이고 집에서도 곧잘 들었대요. 공부하란 소리도 지겹게 들었고요.
"넌 공부하고는 담 쌓았냐?"
"맨날 공부 안 하더니 역시!"
엄마와 아빠는 영수에게 늘 동생들에게 모범을 보여야 한다고 말했어요. 영수 마음이 터지기 직전의 빨간색이었던 건 바로 그 때문이었어요.
영수 부모님은 두 분 다 교사였는데 둘째인 영수를 특히 답답해하셨어요. 영수 말고 다른 형제들은 공부를 잘했거든요. 공부도 못하고 공부하는 것도 좋아하지 않던 영수는 그저 천덕꾸러기로만 여기는 것 같았지요. 그래서 이 학원, 저 학원으로만 돌아다니게 했던 것 같아요. 정말 영수가 무얼 원하는지, 무엇을 알고 싶고, 배우고 싶어하는지에는 관심이 없었지요.

"선생님, 저는 제가 꼭 다람쥐 같아요. 우리에 갇혀서 쳇바퀴만 돌리는 다람쥐 말이에요."

"왜 널 다람쥐 같다고 생각하지?"

"이 학원 저 학원 돌아다니니까요."

영수는 방과 후에 가고 싶지도 않은 이 학원, 저 학원 돌아다니며 공부하는 자신이 쳇바퀴 굴리는 다람쥐 같다고 느꼈어요. 영수만 그런 건 아닐 거예요. 이 학원 저 학원 다니는 어린이들은 영수 말고도 많으니까요. 다람쥐에게 정말로 필요한 건 드넓은 자연인데 말이죠. 영수처럼 학원을 전전하지는 않았지만, 늘 혼자 내버려져 집에 있었던 나의 어린 시절도 떠올랐어요.

영수 부모님은 《지각 대장 존》에 나오는 선생님이 그랬던 것처럼 영수의 말을 들으려고 하지 않았답니다. 늘 영수가 공부를 못한다고만 생각했지, 영수가 정말 좋아하는 게 뭔지는 몰랐거든요. 독서 치료 수업 후에 부모 상담 시간이 있어서 영수 부모님을 만났는데 정말로 영수에 관해 잘 모르는 것 같더라고요. 참 슬펐답니다. 부모님의 잔소리를 들을수록 영수는 마음의 문을 꽁꽁 닫아걸었어요. 공부를 왜 안

하느냐고, 공부를 왜 못하느냐고 꾸중을 듣는 것도 싫었지만 부모님이 영수를 믿어 주지 않는 게 더 싫었던 거예요. 그럴수록 영수는 청개구리처럼 비뚤게만 행동하려고 들었지요.

그림책《지각 대장 존》의 마지막 장면에서 존은 드디어 지각을 하지 않고 제시간에 학교에 가요. 학교 가는 길에 아무 일도 일어나지 않았거든요. 사자도, 악어도 나타나지 않았어요. 그런데 교실에 들어가니까 글쎄, 선생님이 고릴라에게 붙들려 천장에 매달려 있지 뭐예요. 선생님은 존에게 "빨리 날 좀 내려 다오!" 다급하게 부탁하지만 존은 그냥 지나쳐 나가 버려요.
"이 동네 천장에 커다란 털북숭이 고릴라 따위는 살지 않아요! 선생님."
마지막까지 읽고 느낀 점을 묻자 영수는 열두 명의 아이들 가운데 가장 신난 목소리로 말했어요.
"선생님도 한번 당해 봐야 돼요! 아주 통쾌한 걸요!"
그러고는 그 대목을 또 읽어 달라고 했죠.《지각 대장 존》을 읽고 선생님에게 하고 싶은 말을 쓰라고 할 때도 영수는 아주 큰 글씨로 써 내려갔어요.
"선생님 아주아주 울트라 짱 쌤통! 다시는 나보고 공부하란 말 하지 마욧!!"

어린이 여러분, 그거 알아요? 진화론의 창시자 찰스 로버트 다윈도 어렸을 때 공부에 영 취미가 없던 아이였다는 걸! 취미가 없었을 뿐만 아니라 실제로 공부도 못해서 가족과 학교 선생님들은 다윈만 보면 "휴~" 한숨을 내쉬었지요.

대학에 가서도 다윈은 공부에 흥미를 갖지 못했어요. 그렇게 우왕좌왕하던 다윈은 아주 나중에야 자신이 정말 하고 싶은 공부를 발견했다고 해요. 그래서 그 유명한 진화론의 창시자도 되었고요.

다윈의 이야기 궁금하지요? 공부 못해서 늘 좌충우돌하던 다윈이 어떻게 진짜 하고 싶은 공부를 발견하게 됐는지 다윈의 어린 시절로 우리 함께 가 봐요.

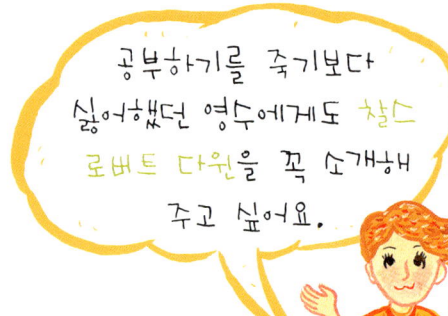

공부하기를 죽기보다 싫어했던 영수에게도 찰스 로버트 다윈을 꼭 소개해 주고 싶어요.

진화론의 창시자 다윈을 키운 **관찰의 힘**!

찰스 로버트 다윈은 1809년, 영국에서 태어났어요. 다윈은 어렸을 때부터 친구들과 잘 어울리지 못했어요. 하루 종일 혼자 숲속에서 온몸에 흙을 묻히며 돌아다니는 게 다윈의 유일한 놀이였죠.

어린 다윈은 학교 공부보다 숲속에서 조약돌과 나뭇잎을 모으는 일을 더 좋아했답니다. 우울했다가도 딱정벌레 등에 있는 둥근 무늬를 보면 기분이 금방 좋아졌지요. 다윈의 고향은 비옥한 목초지와 곡창지대가 있는 곳이어서 딱정벌레는 얼마든지 찾을 수 있었답니다.
그러나 다윈의 부모는 공부보다는 식물이나 새 알처럼, 공부에 전혀
도움이 되지 않을 것 같은 하찮은 것들을 열심히 모으는 데만 관심이
많은 다윈을 보고 한숨을 내쉬었어요.
"공부는 안 하고 딱정벌레나 모으고 있으니, 참!"
"시간이 지나면 나아지겠죠."
선생님들도 다윈을 보고 한숨을 쉬기는
마찬가지였답니다.
"찰스 다윈은 좀 어눌해요."
"말까지 더듬으니까 생각하는 것도
느리다니까요."
사실 다윈이 말을 더듬는 것을 들은 이들은
많지 않았어요. 어린 다윈은 말도 거의 안 하고
몹시 조용했으니까요. 또 또래 아이들보다 덩치가 큰 데다 특히 코가
커서 다윈은 늘 주눅이 들어 있었어요. 어느 날 친한 친구에게 자신도
모르게 하소연을 할 정도였으니까요.
"코가 커서 난 너무 우울해."
학교 수업이 끝나면 다윈은 친구들과 어울리지 않고 혼자 터덜터덜
집으로 돌아오기 일쑤였어요. 사실 집으로 가는 길은 다윈이 보물을
발견하는 시간이기도 했지요. 조약돌이나 딱정벌레를 구경하다가
주머니에 잔뜩 집어넣어 올 수 있었기 때문이지요.

그러던 다윈이 언제부턴가 신이 나서 말하기 시작했어요.
"어제 숲에서 신기한 새들을 봤어! 좀처럼 잘 볼 수 없는 희귀종 새들 말이야."
또 학교에서 친구들에게 뿌듯한 표정으로 말했지요.
"난 나뭇잎 색깔을 변하게 할 수 있어. 어제 내가 실험해 봤거든."
갑자기 허풍을 떨며 거짓말을 하는 다윈을 보고 친구들은 수군대며 비웃었어요.
"찰스 다윈이 갑자기 왜 저러지?"
"글쎄 말이야. 말도 안 되는 거짓말이나 하고! 누가 그 말을 믿겠어? 쿠쿠."
어른이 된 다윈은 어릴 때 거짓말을 한 것은 사람들의 관심을 받고 싶어서였다고 고백해요. 그러나 이 귀여운 거짓말은 그리 오래 가지는 못했답니다.
고등학교를 졸업한 다윈은 처음엔 아버지처럼 의사가 되기 위해 에든버러 대학에 들어갔어요. 그러나 어렸을 때와 똑같이 공부가 즐겁지 않았어요. 개구리나 쥐를 해부하는 해부학 시간이면 늘 목덜미가 뻣뻣해졌죠. 해부학 시간이 다가오면 다윈은 어디론가 도망치고 싶었어요. 실험대 위에 누워 있는 동물 사체를 보는 것만으로도 힘들었거든요.
'나에게는 의사 자질이 없는 것 같아.'
스스로도 그렇게 느꼈고, 다윈의 아버지도 아들이 의사보다는 성직자에 더 어울린다고 생각했어요. 그래서 케임브리지 대학으로 옮겨 신학을 공부하는 게 어떻겠느냐고 물었지요.

아버지의 뜻에 따라 대학을 옮겼지만, 다윈은 신학 공부에도 별 흥미를 느끼지 못했어요. 의학도, 신학도 적성에 맞지 않았던 것이지요. 다윈은 어린 시절 숲속에서 딱정벌레를 수집할 때가 훨씬 더 행복했어요.

학창 시절 내내 공부에는 흥미를 못 느꼈지만, 다윈은 대학을 졸업하고 커다란 결심을 하게 되었답니다. 자연학자의 자격으로, 해군 측량선 '비글 호'를 타고 남아메리카로 떠나는 것이었어요. 그 말을 들은 가족들은 모두 엄청나게 반대를 했지요. 그러나 다윈의 고집도 굉장했어요. 결국 가족들은 다윈의 뜻을 따를 수밖에 없었답니다. 다윈은 무려 5년 동안이나 남아메리카와 남태평양의 섬 지역을 다니면서 다양한 동식물을 수집했어요. 뱃멀미와 향수병 때문에 고생도 많이 했지만, 다윈의 이러한 살아 있는 연구는 과학사에 큰 보탬이 된답니다.

1859년, 세상을 깜짝 놀라게 한 책 《종의 기원》이 출간된 것도 바로 다윈의 숨은 공부 덕분이었지요. 이 책은 생물학 발전에 엄청난 영향을 끼치게 되었고, 오늘날까지도 방대한 영향을 미치는 명작이랍니다.

여러분, 어때요? 다윈이 어렸을 때 공부 못한다고 주눅만 들어

있었다면 진화론을 창시하고 세계 생물학에 길이 남을 업적을 남길 수 있었을까요?

공부에 흥미도 없고 공부도 못했지만, 다윈은 혼자 숲속을 돌아다니며 조약돌과 새 알과 식물을 수집했지요. 어렸을 때 습관이 훗날 어른이 되어서는 낯선 섬에서 무더위와 질병과 싸울 수 있게 하고, 오랫동안 연구를 할 수 있는 힘이 되어 주었어요.

그러니까 지금 공부 좀 못한다고 기죽지 말아요. 다윈처럼 자신이 정말 좋아하는 걸 발견한다면, 어떻게 변할지 아무도 몰라요. 미래는 아무도 모르는 거잖아요?

다윈도 자기가 진짜로 좋아하는 게 뭔지 발견하는 데 시간이 좀 오래 걸렸을 뿐이에요.

자기가 정말 좋아하는 것을 발견하려는 마음, 그 마음만 잊지 않으면 좋겠어요!

조금 더 생각해 보자

"인생에서
원하는 것을 얻기 위한
첫 번째 단계는
내가 무엇을 원하는지
결정하는 것이다."

벤 스타인

미국의 영화감독 벤 스타인이 한 말이에요. 자신이 무엇을 원하는지 알고 결정하는 것은 참 중요해요. 그래야 자신이 정말 원하는 것을 얻을 수 있으니까요.
공부를 잘하고 못하는 것이 중요한 것이 아니라 정말 내가 좋아하는 것을 만나는 것이 중요하지요.
대신 다윈이 숲속에서 식물을 꾸준히 수집했던 것처럼, 뭐든 좋아하는 걸 꾸준히 하는 것이 중요하겠지요? 그래야 내가 정말 좋아하는 걸 발견할 수 있으니까요!

공부 못하는 나에게 칭찬을 해 보세요!
아주 작고 사소한 것도 괜찮아요.

현대무용가
이사도라 던컨

7장
튀면 좀 어때? 괜찮아!

유빈이는 학교 방과 후 수업의 독서 치료 프로그램에서 만났어요. 첫날부터 깊은 인상을 남긴 아이였지요. 수업에 오는 열두 명 중에서 유난히 목소리도 크고 수업 중간에 갑자기 뜬금없는 질문이나 말로 눈길을 끌었거든요. 이를테면 함께 그림책을 읽는 도중에 그림책의 내용과는 상관없는 질문이나 말을 나에게 툭툭 던지곤 했답니다.

"선생님, 남자 친구 있어요?"

"우리 동네 길고양이는 엄청 많이 먹어요. 저보다 많이 먹어요."

독서 치료를 시작한 지 얼마 안 됐을 때라, 그런 유빈이 앞에서 나는 좀 당황스러웠어요. 유빈이의 갑작스런 행동에 어떻게 대처해야 할지 몰랐거든요. 유빈이는 학교에서도 늘 튀는 말과 행동을 하는 아이로 소문이 나 있다고 했어요. 그 때문에 은근히 왕따를 당하고 있는 모양이었고요.

까마귀 소년 야시마 타로 글·그림, 윤구병 옮김, 비룡소

아이들과 어울리지 못하고 늘 숨어 지내는 작은 소년을 아이들은 '땅꼬마'라고 부르며 놀려 대요. 그런데 새로 오신 선생님이 이 소년의 특별한 재능을 발견하게 되지요. 나무와 꽃 같은 자연에 대해 많은 것을 알고 있다는 것을요. 그래서 소년에게 학예회 때 까마귀 소리 흉내내기를 발표하게 한답니다. 선생님은 소년이 6년간 하루도 빠짐없이 산길을 걸어 다니며 까마귀 소리를 터득할 수 있게 되었다고 반 아이들에게 말해 줘요. 그러자 아이들은 그동안 땅꼬마라고 놀려 댄 일을 반성하고 '땅꼬마'라는 별명 대신 '까마귀 소년'이라고 부르게 된다는 이야기예요.

함께 독서 치료를 받으러 왔던 아이들은 유빈이의 그런 행동에 익숙한지, 유빈이를 투명인간처럼 대하고 있었어요. 유빈이가 아무리 튀는 행동을 하고 엉뚱한 소리를 해도 그다지 귀 기울여 듣는 것 같지 않았거든요. 다만 비아냥대는 어투로 잔소리를 할 뿐이었지요.

"김유빈, 또 튀려고! 가만 좀 있어라!"

"또 시작이야!"

그림책 《까마귀 소년》을 함께 읽고

외톨이 놀이를 하기로 했을 때도 유빈이가 가장 걱정이었답니다. 외톨이 놀이는 일종의 역할극인데, 왕따를 당하는 아이와 왕따를 시키는 아이들로 역할을 나누어서 즉흥적인 연극을 하는 거예요. 먼저 누가 왕따 역할을 맡을지부터 정해요. 누군가 스스로 나서 왕따를 자청하면 나머지 아이들은 자연스럽게 왕따 시키는 아이들 역할을 맡게 돼요. 놀이가 시작되면 왕따 역할을 맡은 아이는 2, 3분 정도 교실 밖에 나가 있도록 해요. 남은 아이들은 마음의 준비를 하고요. 아는 척 하지 않고 놀이를 할 때도 끼워 주지 않기, 투명인간처럼 대하기 같은, 왕따 놀이 수칙을 만들지요. 왕따 당하는 아이의 심정을 이해함으로써 왕따가 얼마나 나쁜지, 친구를 왕따 시키는 행동이 얼마나 바람직하지 못한지 스스로 느낄 수 있도록 만든 놀이가 바로 외톨이 놀이였어요. 놀이를 시작하자 아이들은 현실처럼 몰입하기 시작했어요. 왕따 역할을 맡은 아이가 교실에 들어오자 자기들끼리 놀이를 시작했고요. 왕따 역할을 맡은 아이가 기웃거리며 같이 놀려고 했지만, 아이들은 아무것도 보이지도, 들리지도 않는 척했답니다. 말을

걸어 와도 못 들은 척했지요.

그런데 유빈이 반응이 흥미로웠어요. 왕따 역할을 맡은 아이에게 유난히 공격적인 감정을 드러냈거든요. 놀이에 끼워 주지 않는데도 계속 아이들 주위를 서성이던 왕따 역할 아이에게 이렇게 쏘아붙였지요.

"넌 왕따를 당할 만해! 그러니까 여기서 자꾸 얼쩡거리지 마!"

외톨이 놀이가 끝난 뒤 모두 빙 둘러앉아 감상을 나눌 때 아이들은 왕따를 당하는 아이 심정에 대부분 공감했어요. 역할극을 통해 '내가 왕따를 당하는 아이라면 어땠을까?' 생각을 해 보게 된 것이지요. 왕따 당하는 아이의 마음을 헤아릴 수 있게 된 거예요. 왕따 당하는 역할을 맡았던 아이는 "제가 작년에 왕따 시킨 친구가 있는데요. 그 친구 마음이 느껴졌어요." 하며 울컥 눈물까지 쏟았지요. 그런데 유빈이는 아무 말도 안 했어요. 시무룩한 표정으로 앉아만 있었지요.

"유빈이는 아까 '넌 왕따를 당할 만해!' 하고 말했는데, 왜 그랬어?"

물어보자 유빈이는 머뭇거리더니 이렇게 말했어요.

"왕따를 당하는 게 어떤 건지 다른 아이들도 알았으면 좋겠으니까요."

유빈이 말에 마음이 얼마나 아프던지요. 유빈이는 아이들에게 이해받고 싶었던 거예요. 튄다고, 다르다고 왕따 당하는 슬픔이 어떤 건지 공감받고 싶었던 거예요.

유빈이 부모님은 유빈이가 여섯 살 때 이혼하셨다고 해요. 그때부터 유빈이는 아버지와 살았는데, 어렸을 때는 지금과는 많이 달랐대요. 아주 순하고 얌전했는데 학교에 들어가고 2학년이 지나면서 갑자기 튀는 말과 행동을 하기 시작했다고 해요.
유빈이 아버지는 출장이 잦아서 늘 집을 비울 수밖에 없었어요. 아버지 대신 할아버지와 지내게 됐는데, 할아버지는 많이 무섭고 엄격하셨다는군요. 유빈이는 부모님이 이혼한 뒤 볼 수 없게 된 엄마가 그리웠지요. 따뜻한 관심도 받고 싶었고요. 애정과 관심을 충분히 받지 못하니 엉뚱한 말과 행동이 튀어나온 거예요. 사람들의 관심을 받고 싶은 마음 때문에 말이에요.
그래서였을까요? 마지막 시간에 그림책을 읽고 칭찬 폭탄 놀이를 했을 때 유빈이의 표정을 지금도 잊을 수 없어요. 칭찬 폭탄 놀이는 말 그대로 칭찬을 폭탄처럼 서로 마구 해 주는 놀이예요. 아이들 모두 둥그렇게 앉아서 자기 왼편에 앉아 있는 친구에게 칭찬을 하는, 릴레이 칭찬 게임이었죠. 아이들이 서로 칭찬을 하면서 다른 친구들에게 비친 자기 모습을 알아 가도록 돕는 놀이였어요. 처음에는 쑥스러워하던

아이들이 오른편으로 차례가 바뀌어 돌 때는 구체적이고 적극적으로 칭찬을 하기 시작했답니다.

유빈이 차례가 오자 유빈이 옆에서 잠시 머뭇거리던 친구도 "기발한 생각을 잘하는 것 같아요!", "재미있는 아이예요." 하고 칭찬을 했어요. 유빈이 입가에 미소가 번졌어요. 친구들 말은 듣지 않고 혼자 말을 쏟아 붓던 유빈이 입에서 놀랍게도 미소가 어른거린 거예요. 그런 뒤 유빈이도 옆에 있는 친구를 칭찬해 주었어요.

어린이 여러분, 혹시 그거 알아요? '맨발의 무용수' 이사도라 던컨도 어렸을 때 튀는 성격 때문에 사람들에게 왕따도 당하고 미움도 많이 받았대요. 하지만 그 '튀는' 이사도라의 성격이 남들과는 다른 독특한 춤의 세계를 만들어 냈답니다.

튀는 생각과 행동은 오히려 이제껏 다른 사람들이 하지 못했던 새로운 무언가를 만들고 시작할 수 있는 힘이기도 하지요.

유빈이에게 튀는 소녀 이사도라 던컨의 이야기를 꼭 들려주고 싶어요.

맨발의 춤을 만들어 낸 튀는 생각, 남들과 다른 새로움!

'맨발의 무용수', 혹은 '현대무용의 어머니'로 불리는 무용가 이사도라 던컨은 1877년, 미국 샌프란시스코에서 태어났어요. 이사도라 던컨이 그제껏 전통적으로 내려온 춤의 형식을 모두 깨고 무대에 맨발로 서자 사람들은 깜짝 놀랐답니다. 그때까지는 누구도 생각하기 힘들었던 놀랍고 파격적인 춤이었기 때문이에요.

"어머나! 어떻게 맨발로 춤을 출 수가 있지!"

"저 옷 좀 봐! 여자가 맨다리를 훤하니 드러내 놓고 춤을 추다니!"

"미친 거 아니에요?"

이사도라의 춤은 사람들에게 큰 충격을 주었어요. 1899년에 있었던 공연에서는 어느 중년 부인이 이사도라의 춤을 보고 너무 놀라서 공연 도중에 극장을 뛰쳐나오기까지 했답니다. 무용수가 팔다리, 맨살을 드러내 놓고 춤추는 것은 상상할 수도 없었던 때니까요. 그때까지 무용수들은 무릎 아래까지 내려오는, 주름이 많이 잡힌 치마를 입고 토슈즈를 신어야 했어요. 그러니 이사도라의 옷차림은 거의 벌거벗은 거나 마찬가지였지요.

그러나 이사도라에게 춤은 단순히 아름다운 옷을 입고 아름답게만 추는 동작이 아니었어요. 이사도라에게 춤은 춤추는 사람의 영혼과 정신을 담아내는 표현이었지요.

이사도라는 서너 살 때부터 집 근처 바닷가에서 춤을 추었다고 해요. 누가 가르쳐 준 것도 아닌데, 파도 소리에 맞춰 몸을 자유롭게 움직였다네요. 이사도라가 어렸을 때부터 바닷가에 나가서 춤추며 놀 수 있었던 것은 사실, 집이 아주 가난했기 때문이었어요. 이사도라의

부모는 마음이 안 맞아 따로 살았고, 이사도라의 어머니는 혼자 네 아이를 키우느라 무척 힘이 들었대요. 집세 낼 돈이 없어서 이사도 자주 다녀야 했고요. 심지어는 여관에서 살았던 적도 있었지요. 그런 이사도라에게 유일한 놀이터가 바로 바닷가였답니다.

그런 가난한 집안 형편을 이사도라는 어렸을 때부터 잘 알고 있었어요. 형제 중 막내였지만, 집에 음식이 떨어지면 빵집이나 푸줏간에 가서 외상으로 먹을 것을 가져오는 것은 이사도라의 몫이었어요.

"엄마! 제가 다녀올게요. 제가 가면 푸줏간 아저씨가 외상으로 고기를 줄 거예요."

비록 가난해서 돈은 없었지만 이사도라는 푸줏간에 가서 당당하게 외상으로 고기를 달라고 말했어요. 동네 사람들은 어리지만 당찬

이사도라의 행동에 혀를 내두르곤 했답니다.

어머니가 털실로 짠 옷이나 모자를 내다 파는 어려운 일도 이사도라의 몫이었어요. 어린 소녀가 털실로 짠 옷과 모자를 팔자, 무례한 말투로 문전박대를 하기 일쑤였지요.

"그깟 털옷을 돈을 받고 팔다니, 가난하면 양심도 없어지나?"

어린 이사도라는 세상이 아주 차갑다는 사실을 알게 되었어요. 학교 생활 역시 쉽지 않았지요. 학교 선생님들도 이사도라를 이해하지 못했거든요. 어느 겨울날 학교 선생님이 산타클로스가 준 거라며 아이들에게 사탕을 나눠 주자 이사도라는 자신도 모르게 크게 소리쳤답니다.

"세상에 산타클로스 같은 건 없어요!"

선생님은 눈을 동그랗게 뜬 채 이사도라를 바라보다가 이내 아이들에게 말했지요.

"자, 이 사탕은 산타를 믿는 아이들만 나눠 줄 거예요."

선생님의 말이 끝나기 무섭게 이사도라는 말했답니다.

"그럼, 저는 사탕 안 먹을래요!"

화가 난 선생님은 이사도라에게 벌을 주었지요. 그러나 이사도라는 교실 바닥에 꿇어앉은 채 큰소리로 외쳤어요.

"전 산타클로스 안 믿어요! 엄마가 그랬어요. 우리집은 너무 가난해서 엄마가 산타클로스가 되어 줄 수 없다고요."

화가 난 선생님은 이사도라에게 집으로 돌아가라고 해요. 얼마 뒤 이사도라는 진짜 학교를 그만두게 돼요. 겨우 열 살 때 일이지요. 학교에 가지 않게 된 이사도라는 숲속이나 해변에서 혼자 춤을 추었어요. 그럴 때마다 신발과 옷이 거추장스러운 족쇄처럼 느껴졌어요. 맨발로 새처럼 팔을 너울거리며 바닷가를 뛰어다니자 파도 소리와 바람이 몸속에 들어오는 것 같았지요. 몸에 들어온 파도 소리를, 바람을 몸짓으로 표현만 하면 춤이 되었어요.

"바다와 나무가 꼭 나와 함께 춤을 추는 것 같네! 아! 자유로운 기분이야!"

이사도라에게 춤은 자유였어요. 발레를 배우러 샌프란시스코의 유명한 발레 선생님을 찾아갔을 때도, 이사도라가 원했던 것은 자유로움이었지요. 발레 선생님이 이사도라에게 발가락 끝으로 서 보라고 했을 때, 이사도라는 선생님 말이 도통 이해가 되지 않았어요. 발끝으로 서는 게 아름답다고 말하는 선생님에게 이사도라는 대뜸 말했지요.

"발가락 끝으로 서는 건 아름답지 않아요. 오히려 보기 흉해요."

이사도라는 자신의 생각을 말하는 데 전혀 망설임이 없었어요. 사람들은 이사도라가 '튄다'고 생각하며 흉보고 때론 싫어했지만, 이사도라는 자신의 생각을 늘 솔직하게 말했지요. 그래요! 이렇게 생각한 것을 있는 그대로 표현하는 사람이었기에 이사도라가 맨발의 춤을 처음으로 추는 사람이 될 수 있었는지도 몰라요.

어머니의 영향도 아주 컸답니다. 학교를 그만둔 이사도라에게 어머니는 밤마다 시를 읽어 주고 위대한 작곡가들의 음악을 피아노로 연주해 주었어요. 어머니 덕분에 이사도라는 틀에 박힌 학교 교육 대신 아름다운 예술을 생활 속에서 자유롭게 경험할 수 있었지요. 어머니가 읽어 주던 문학 작품을 통해 다른 세상도 꿈꿀 수 있었고요. 그래서 어른이 된 이사도라 던컨은 유럽에 건너가 자신이 만들어 낸 새로운 춤을 세상에 용기 있게 보여 주게 된답니다.

훗날 이사도라 던컨의 춤은 여러 예술가들에게 큰 영향을 주었어요. 전통적인 관습에 혁명을 일으킨 자유로움의 상징이 되었지요. 이사도라는 베를린과 모스크바에 무용 학교도 만들어 무용수를 기르는 데도 힘을 썼답니다. 무용 학교의 교장이 된 이사도라가 수업 중간에 교실로 뛰어 들어와 아이들에게 질문을 던진 이야기는 참 유명해요.

"얘들아, 인생에서 가장 위대한 것은 뭘까?"

교장 선생님이 묻자 아이들은 입을 모아 대답했대요.

"춤이요!"

이사도라는 고개를 흔들더니 아이들 얼굴 하나하나를 깊이 들여다보며 말했지요.

"아니야. 춤추는 것은 인생에서 가장 위대한 일이 아니란다. 인생에서 가장 위대한 것은 바로 사랑이야!"

그래요. 이사도라 던컨은 그 누구보다 삶을 사랑했어요. 튄다고 왕따 당하고, 미움도 많이 받았지만 삶을 사랑하는 것을 멈추지 않았지요.

덕분에 좌절하지 않고 맨발의 춤을 만들어 낼 수 있었어요.
이사도라 던컨은 1913년 사고로 사랑하는 두 아이를 잃고 말아요.
자신도 1927년 9월, 타고 있던 차의 뒷바퀴에 스카프가 말려들어가는 사고를 당해 죽게 돼요.
개인적으로는 불행했을지 몰라도, 이사도라의 정신은 아직도 무대 위에서 눈부신 빛을 내며 전해져 온답니다. 어렸을 때부터 늘 남들과 다르다고, 튄다고, 눈총 받고 힘들었지만 결코 기죽지 않았던 이사도라 던컨의 정신 말이에요.

여러분, 어때요? 튄다는 것은 뭔가 남들과 다른, 엄청난 새로운 것을 만들어 내는 힘 같지 않나요? 이사도라 던컨이 남들과 똑같은 길을 편안하게 걸어가려 했다면, 그래서 자신의 마음속 생각과 솔직하게 마주하지 않았다면, 그 유명한 맨발의 춤을 추지는 못했을 거예요. 맨발의 춤은 자유로운 사람만이 출 수 있는 춤이니까요.
아마도 '튄다'는 것은 남들과 다른 열정이 마음속에 가득 들어 있다는 뜻일지 몰라요. 혹시 어린이 여러분 마음속에도 그런 열정이 들어 있지 않나요?
남들 눈을 신경 쓰지 않고 정말 자신이 원하는 것이 무엇인지 물어보세요. 마음속 열정을 스스로 잘 키울 수만 있다면, 튀는 생각과 행동은 새로운 무언가를 만들어 내는 아름다운 힘이 되어 줄 수 있을 테니까요.

조금 더 생각해 보자

"인간은 자유다. 인간은 자유 그 자체다."

장 폴 사르트르

프랑스의 철학자 장 폴 사르트르는 왜 인간이 자유 그 자체라고 말했을까요? 사실, 우리는 자유롭지 않을 때가 많아요. 남들 눈을 의식하고, 많은 사람들이 좋아하는 걸 나도 모르게 따라가는 경우가 많거든요. 혼자만 튀면 손해 보는 것처럼 느껴지거나 왕따가 될 수도 있다고 걱정하지요. 또 튈 때조차도 남들의 관심을 받고 싶어하고요.

그러나 '튄다'는 것은 다른 사람들과 다른 생각을 용기 있게 말하고 표현하는 거예요. 그래야 사람들에게 관심 받지 못하고, 혹은 다른 사람들이 좋아하지 않아도 내 마음속에서 울려 나오는 소리를 따라갈 수 있어요. 그럴 때 비로소 이사도라처럼 창조적인 무언가를 만들거나 발견할 수 있지 않을까요?

튀는 나에게 칭찬을 해 보세요!
아주 작고 사소한 것도 괜찮아요.

아동 문학가
방정환

8장
장난 꾸러기면 좀 어때? 괜찮아!

열한 살 수원이를 처음 만난 날이 아직도 생생해요. 도서관에서 진행하는 독서 치료 프로그램이었는데, 수원이는 첫 시간에 15분이나 늦었죠. 그런데 늦게 온 것이 미안하지도 않은지 전혀 주눅 들지 않은 큰소리로 이렇게 말했어요.

"아직 진도 많이 안 나갔죠?"

수원이는 반짝반짝 눈을 빛내며 헐레벌떡 독서 치료실에 뛰어 들어와 가쁜 숨을 몰아쉬었어요. 독서 치료실에 먼저 와 있던 여섯 명의 아이들은 모두 어이없는 얼굴로 수원이를 바라보았고요. 그 뒤로도 수원이는 자주 늦게 왔고, 미안한 기색은 없었어요. 주위에서 자기를 어떻게 보는지 전혀 신경 쓰지 않는 것 같았지요.

그런 수원이를 만났을 때는 독서 치료를 시작한 지 4년 가까이 됐을 때라, 독서 치료 시간에 지켜야 할 규칙도 나름대로 정해 놓은 때였어요. 독서 치료 시간에 알게 된 친구의 비밀은 절대로 말하지 않기, 친구가 이야기할 때 잘 들어 주기, 그리고 정해진 시간에 늦지 않기 같은 것들이었지요. 물론 수원이에게도 첫 시간에 그 규칙을 알려 주었지만, 수원이는 그 다음 주에도, 그 다음 주에도 계속 늦었답니다. 일부러 그러는 건지, 무슨 사정이 있는 건지 지각은 계속됐어요. 수원이를 세 번째 만난 수업 시간이었어요.

"자기 마음속에 있는 말 중에 지워 버리고 싶은 말을 써 보세요."

자기에게 상처가 되는 말을 써 봄으로써 마음속에 생긴 상처를 들여다보기 위한 거였어요. 그 말을 밖으로 꺼내는 것만으로도,

자기도 모르게 쌓아 두고 있던 오래된 화를 풀어 줄 수 있거든요. 마음속 화가 풀어지려면 자기가 그때 화가 났다는 것부터 인정해야 해요. 화가 났는데도 아닌 척 그냥 억누르면 나중에는 어떻게 해 볼 수도 없이 폭발할 수도 있어요. 수업을 하면서 수원이에게 꼭 필요한 시간이었다는 걸 금세 알 수 있었어요. 수원이는 이런 말을 썼어요.
"도대체 나중에 커서 뭐가 되려고 그러니!"
"네 형이랑 누나 좀 닮아 봐라!"
그러고는 불만 가득한 얼굴로 이렇게 말했지요.
"다시 화가 나요. 옛날에 화가 났던 게 고스란히 생각나요."
수원이는 집에서 늘 형제들과 비교 당하며 지내고 있었던 거예요. 누나와 형은 모범생인데, 수원이는 못 말리는 장난꾸러기였거든요. 학교에서도 유명했지요. 친구 신발을 몰래 숨겨 놓는가 하면, 여자 아이들 필통에 벌레를 넣어 두고는 시치미 떼기 일쑤였어요. 수원이 부모님은 수원이가 장난꾸러기란 걸 알면서도 신경을 제대로 쓰질 못하셨지요. 맞벌이를 하느라 여유가 없으셨거든요. 부모님은 수원이가 말썽을 부릴 때마다 누나, 형과 비교하면서

진짜 곰 송희진 글·그림, 뜨인돌

서커스에서 재주를 부리면서 살아가는 곰이 있었어요. 어느 날 서커스를 보러 왔던 꼬마 손님이 서커스 곰은 가짜라고 소리치는 걸 듣고는 자기가 누구인지 찾아 나서기로 했지요. 한참을 헤매다 어릴 적 맡았던 냄새를 따라갔더니 진짜 숲을 만나게 되었고, 늘 그곳에서 지냈던 것처럼 마음이 편안해지게 돼요.

수원이 마음에 상처만 주고 있었던 거예요.
수원이와는 그림책 《진짜 곰》을 함께 읽었어요. 자기가 생각하는 진짜 자기 모습을 이야기하는 데 딱 좋은 책이었답니다. 책 속 주인공인 곰은 서커스단에서 나고 자랐어요. 춤도 잘 추고 곡예도 잘 부렸지요. 사람들이 자신의 재주를 보면서 환호하는 걸 곰도 즐겼어요. 그러던 어느 날, 구경 온 꼬마가 소리쳤지요.
"저건 곰이 아니야! 진짜 곰은 저런 것을 할 수 없어!"
그때부터 곰은 자신의 진짜 모습을 찾기 위해 서커스단을 나와 이곳저곳을 돌아다녀요. 하지만 진짜 자신의 모습을 찾는 길은 그리 쉽지 않았지요.
《진짜 곰》을 읽어 주고는 아이들에게 자기 모습을 갖가지 색깔 점토로 만들어 보라고 했어요. 손으로 조물조물 만지는 대로 원하는 모습을 빚을 수 있는 점토는 아이들이 자기 마음을 표현하는 데 꼭 알맞은 재료지요. 아이들 속에 숨어 있던 놀라운 표현력이 드러나기도 하고, 억눌려 있던 감정도 자유롭게 표현할 수 있게 해 주는 멋진 재료거든요.
수원이는 무지개라도 만들려는 셈인지, 컬러 점토를 색색깔로 조금씩 뜯어 손으로 조물조물 만졌어요. 그러더니 밀가루 반죽을 하듯 손으로 말기 시작했지요. 곧 알록달록한 뱀이 그 모습을 드러냈답니다.

"뱀이 참 예쁘게 생겼네. 그런데 수원이는 왜 뱀을 만들었지?"

"뱀은 힘이 세고 장난꾸러기니까요. 그리고 이 뱀은 그냥 뱀이 아니에요. 독뱀이에요, 독뱀!"

수원이는 점토로 만든 독사를 보며 아주 흡족한 표정을 지었어요. 독사가 마음에 드는 모양이었어요. 그런데 수원이 작품은 그게 끝이 아니었어요. 독사 주변에 성벽처럼 담을 쌓아 올렸더라고요.

"그런데 왜 독사 주위에 담이 있지?"

"아무도 안 왔음 좋겠으니까요."

"왜?"

"늘 저보고 뭐라고 하니까요."

말은 그렇게 했지만 제 눈에는 반대로 보였어요. 아무도 못 들어오게 하는 담장이 아니라, 얼른 부서졌으면 하고 바라는 담장인 것 같았지요. 부모님, 선생님의 잔소리를 피하기 위해 만든 담장이 아니라 "나 좀 봐 줘!" 하고 외치는 담장으로 보였지요. 장난이 심하다고 맨날 혼나기만 하던 수원이 마음이 그렇게 드러난 것 같았어요.

"그렇게 담장을 높이 쌓아 올리면 답답하지 않을까? 그리고 아무도 네가 여기 있는 걸 모를 텐데……."

"괜찮아요!"

말은 그렇게 했지만, 조금 고민하는 것 같기도 했지요. 그러다 수업이 끝날 무렵, 담장의 벽을 조금 덜어 내더군요. 벽이 좀 낮아지니까 장난꾸러기 독사의 모습이 더 잘 보였답니다.
아이들이 점토로 자신의 모습을 다 만들자, 우리는 그림책《진짜 곰》의 마지막 부분을 다시 읽었어요. 곰이 어디로 가야 할지 몰라 방황하는 장면이었지요. 방황하던 곰의 마음속에 전에 맡았던 좋은 냄새가 떠오르는 장면이었는데, 곰이 그 냄새를 따라가기로 결심하자 곰

주위로 싱그러운 향기가 가득 찼어요. 그리고 곰 앞에는 놀랍게도 진짜 거대한 숲이 나타나죠. 말로만 듣던 진짜 숲이었어요!
곰은 진짜 숲을 한눈에 알아볼 수 있었어요. 숲에 들어가자 언젠가 와 본 것처럼 마음이 편안해졌거든요. 곰은 혼자 중얼거리지요.
"진짜 곰을 만나야 하는데……."

책을 다 읽고 수원이에게 물었어요.

"곰 표정이 어때 보여?"

"편안해 보여요."

그때까지도 수원이는 진짜 자기 모습을 온전히 발견해 내진 못한 것 같아요. 자신의 모습을 있는 그대로 사랑하게 해 주고 싶었는데 그것도 성공하진 못했어요. 있는 그대로의 자기를 사랑할 수 있어야 진짜 자기 모습도 보이는 건데 말이에요.

어린이 여러분, 혹시 그거 알아요? 어린이날을 만든 소파 방정환 선생님도 어렸을 때 그 누구도 못 말리는 장난꾸러기였다는 것을요. 아동 문학가 방정환도 수원이처럼 날마다 장난을 쳐서 주위의 걱정을 한몸에 받았다고 해요.

그런데 지금은 어떤가요? 방정환은 어린이날을 만든 참으로 고마운 사람으로, 훌륭한 아동 문학가로 그 이름을 널리 알리게 되었지요. 어린 시절 장난꾸러기였기 때문에 어린이들의 마음을 더 잘 이해했는지 몰라요. 그래서 어린이들에게 큰 즐거움과 감동을 선사할 수 있었던 것 같아요. 수원이처럼 장난꾸러기였던 아동 문학가 방정환의 어린 시절을 이야기해 주고 싶어요.

어린이 여러분 중에 장난꾸러기여서 늘 사람들에게 걱정만 끼친다고 생각하는 어린이가 있다면 장난꾸러기 소년 방정환을 꼭 만나 보아요!

> 장난꾸러기였던 아동 문학가 방정환의 어린 시절을 이야기해 주고 싶어요.

어린이날을 만든 장난꾸러기 | 소년 방정환

대한민국 어린이라면 누구나 5월 5일 어린이날을 좋아할 거예요. 그 어떤 개구쟁이라도 야단맞지 않고 지낼 수 있는 날이잖아요! 어린이날은 "어린이의 인격을 소중하게 여기자"는 뜻으로 만들어진 날인데, 어린이날이 국가기념일로 지정되기까지는 방정환 선생의 공이 컸답니다. 방정환은 1921년에 '어린이'라는 단어를 우리나라에서 처음 공식적으로 사용하고 1923년 5월 1일, 최초의 어린이날을 만든 분이거든요.

방정환은 1899년, 서울의 야주개라는 곳에서 태어났어요. 어린 방정환은 동네를 종횡무진 누비는 소문난 장난꾸러기였대요. 방정환의 집은 아주 부유했는데, 할아버지가 야주개 시장에서도 이름난 상인이었지요. 커다란 점포 앞에는 늘 곡식과 해산물을 가득 실은 마차가 서 있었어요.

가게 앞에 마차가 서 있으면 방정환의 얼굴에 저절로 웃음이 떠올랐어요. 말 꼬리를 자를 절호의 기회였거든요. 말 꼬리, 곧 말총으로 올가미를 만들어야 참새가 잘 잡힌다는 말을 들은 방정환은 가게 책상 서랍에서 몰래 가위를 꺼내 말 궁둥이께로 슬며시 다가갔지요. 그런데 정환이 말 꼬리를 한 움큼 잡자마자 말이 깜짝 놀라 뒷발질을 하지 뭐예요. 방정환은 말에 걷어 차여 공중으로 붕 떠올랐어요. 그러고는 바닥에 내동댕이쳐졌지요. 크게 다치지 않고

8장 | 장난꾸러기면 좀 어때? 괜찮아! 135

금방 깨어나기는 했지만, 이 일로 방정환의 개구쟁이 짓은 동네에서 더 유명해지고 말았답니다.

그 뒤로도 방정환의 장난꾸러기 짓은 계속 이어졌어요. 입학할 나이도 안 됐는데 학교에 들어가기까지 했답니다. 집에서 할아버지에게 천자문을 배우던 방정환은 교복을 입고 학교에 가는 아홉 살 삼촌이 마냥 부러웠대요. 그래서 하루는 몰래 삼촌이 다니던 보성소학교까지 따라가고 말지요. 그러다 교장 선생님 눈에 띄어 전교생 중 가장 어린 나이로 입학을 하게 된답니다. 할아버지는 정환이 남들보다 어린 나이에 학교에 가서 동급생들에게 무시나 당하지 않을까 걱정돼 반대했는데요. 결국 가족들은 방정환의 뜻에 따라 줄 수밖에 없었어요. 그러다 몇 년 뒤 할아버지 사업이 실패해 허름한 초가집으로 이사를

하게 돼요. 그래도 정환은 늘 밝고
명랑했어요. 이 집 저 집 쌀을 구하러
다니면서도 토론 모임을 만들어 벗들과
생각도 열심히 나누었지요.
씩씩한 방정환을 어여삐 본 어느
미술가가 귀한 환등기를 정환에게 선물한

적이 있어요. 방정환은 좋은 선물을 혼자만 즐기지 않고 친구들을
모아 환등기를 벽에 비춰 보이며 변사 흉내를 냈지요. 친구들은 정환의
이야기에 가난도, 나라 잃은 슬픔도 잊고 한바탕 웃을 수 있었어요.
친구들은 모두 정환을 좋은 벗이라 여겼답니다.

방정환은 1920년 일본으로 유학을 떠나요. 방정환은 생각했지요.
지금 당장 독립을 위해 뛰어다니며 독립운동을 하는 것도 중요하지만,
일본에게 진짜 독립하는 길은 어린이들을 제대로 보듬는 것이라고
말이에요.

당장 나라를 찾을 수 없더라도, 어린이들만 바른 정신으로 올곧게
자라나면 언젠가 꼭 나라를 찾을 수 있을 거라 생각했답니다. 그래서
이 땅의 어린이들을 위한 운동을 하리라 결심하지요. 방정환은 틈만
나면 도서관에서 어린이 책과 잡지를 빌려 와 읽었어요. 그리고 고국에
돌아가 어린이들을 위한 책을 만들기로 결심해요. 그래서 나온 책이
바로 세계명작동화집 《사랑의 선물》이에요. 1922년 7월, 세상에 첫
선을 보인 이 책은 방정환이 우리말로 옮기고 엮은 책으로, 어린이들을

위한 우리나라 최초의 책이 되었답니다.
또 1923년엔 어린이를 위한 최초의 어린이 잡지 《어린이》도 만들었어요.
어린이들이 잡지 《어린이》를 재미있게 읽고 깨끗하고 착한 마음을
무럭무럭 키우기를 바라면서요.

여러분, 어때요? 장난꾸러기 방정환이 어른이 되어 어린이들을 위해
이렇게 훌륭한 일을 하게 될지는 아무도 몰랐을 거예요. 방정환이
장난꾸러기 소년이었기 때문에 어른이 돼서도 어린이들을 위한 꿈을
꿀 수 있지 않았을까요? 자신의 어린 시절을 되새기면서, 어린이들의
마음을 더 공감하고 이해했을 거예요. 그래서 어린이들에게 정말
필요한 것이 무엇인지 알 수 있었겠죠. 그러니까 지금 내 모습에서 어떤
꿈이 피어날지는 아무도 모르는 거예요.
여러분 중에도 장난꾸러기가 있나요? 그것 때문에 꾸중을 듣거나
혼난 적이 있나요? 그것 때문에 기죽지 말아요. 무엇보다 중요한 것은
스스로를 사랑하는 것이라는 걸 잊지 말았으면 좋겠어요.

조금 더 생각해 보자

"행복하게
여행하려면
가볍게
여행해야 한다."

생텍쥐페리

《어린왕자》로 유명한 작가 생텍쥐페리가 한 말이에요. 왜 행복하게 여행하려면 가볍게 여행해야 할까요? 짐이 많으면 거추장스럽고 힘들기 때문일 것 같아요.

삶을 여행이라고 생각해도 똑같겠죠? 날마다 진지하게만 살아간다면 답답하고 숨이 막힐 테니까요. 장난꾸러기 같다는 것은 그만큼 재미있게 세상을 바라볼 줄 안다는 뜻일 거예요. 자신이 재미있는 걸 찾아내는 눈이 발달한 사람인지 아닌지, 장난꾸러기 마음이 얼마나 들어 있는지 잘 살펴보세요. 분명 누구에게나 힘들 때 꺼내 볼 수 있는 힘이 되어 줄 거예요!

장난꾸러기인 나에게 칭찬을 해 보세요!
아주 작고 사소한 것도 괜찮아요.

사회주의 혁명가
로자 룩셈부르크

9장
작고 약하면 좀 어때? 괜찮아!

열한 살인 승연이는 세 살 때 소아마비를 앓아 다리를 저는 아이였어요. 목발을 짚고 다녔는데, 몸집도 작고 얼굴도 순해 보였지요. 그런데 보기와는 달리 아주 작은 일에도 활화산처럼 타오르는 아이더라고요. 그러면 순식간에 교실은 난장판이 되곤 했어요.

함께 독서 치료에 온 아홉 명의 아이들은 그런 승연이에게 익숙한 것 같았어요. 승연이가 불같이 화를 내도 늘 그랬던 일인 양 심드렁했거든요. 물론 승연이와 직접 시비가 붙은 아이들은 씩씩거리면서 흥분했지만요.

독서 치료 첫 시간에도 싸움이 있었어요. 승연이의 목발 때문에 자리가 좁다고 옆자리 아이가 투덜대자 승연이는 불같이 화를 냈거든요.

"뭐가 좁다고 그래? 네 자리가 더 넓잖아!"

그러더니 목발을 바닥에 힘껏 내동댕이쳤죠. 나는 얼른 달려가 목발부터 일으켜 세웠어요. 침착한 척했지만 나도 사실 엄청 당황했지요. 승연이는 그 뒤에도 그런 식으로 곧잘 감정을 폭발시키곤 했어요. 독서 치료 수업이 방해받는 것도 힘들었지만, 승연이 마음을 어떻게 위로해 주어야 할까, 그게 더 걱정이었어요.

승연이 아버지는 아주 엄격한 군인이었대요. 승연이

어머니를 비롯해 가족들은 모두 아버지의 말에 무조건 다 순종했지요.
아버지 말이 맞든 틀리든, 마음에 들든 들지 않든 말이에요.
놀라웠던 것은 가족들이 승연이가 학교에서 아주 얌전한 줄로만 알고
있었다는 거예요. 학교에서 난동을 피운다는 말을 듣고도 승연이
부모님은 처음에 믿지 않았답니다. 승연이가 집에서는 순한 양처럼
얌전하고, 아주 말을 잘 듣는 아이였기 때문이었어요. 승연이가 집에서
눌려 있던 감정을 학교에서 마음껏 풀고 있는 게 아닌가 싶었어요.
착한 아이라는 꼬리표를 떼기라도 하듯, 학교에선 화가 나면 그 즉시
감정을 폭발시키는 승연이의 모습에 마음 아팠답니다.

승연이와 만나는 일곱 번째 치료 시간에 그림책 《깃털 없는 기러기
보르카》를 함께 읽었어요. 보르카는 태어날 때부터 형제들과 달랐어요.
여느 기러기처럼 부리도 있고 날개도
있었지만 깃털이 하나도 없었거든요.
의사 선생님은 보르카를 찬찬히
진찰하더니 깃털이 하나도 없는 것
말고는 아무 이상이 없다고 말해요.
그렇긴 해도 정말 드문 경우라고
보르카의 어머니에게 말하지요.
그러면서 보르카에게 깃털을 짜 주라고
말했어요. 깃털이 없으면 추울 테니까요.
어머니가 보르카에게 깃털을 짜 입혀

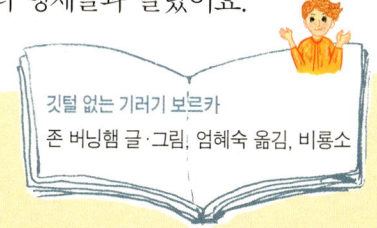

깃털 없는 기러기 보르카
존 버닝햄 글·그림, 엄혜숙 옮김, 비룡소

보르카는 기러기 부부 플럼스터 씨와 플럼스터 부인이 낳은 여섯 개의 알 가운데 하나였어요. 보르카는 태어날 때부터 다른 형제들과 달랐지요. 깃털이 하나도 없었거든요. 그래서 보르카는 형제들의 놀림을 받지요. 겨울이 오자 깃털이 없어 날 수 없는 보르카만 혼자 남고 모두 따뜻한 나라로 떠나요. 절망에 빠져 울던 보르카는 매칼리스터 선장을 만나 크롬비 호에 타게 돼요. 결국 기러기들의 지상낙원이라는 공원 '큐 가든'으로 가 행복하게 살게 된답니다.

주었지만, 보르카는 형제들에게 놀림만 받았어요. 그때마다 보르카는 갈대 우거진 밭에 들어가 혼자 슬프게 울곤 했지요.

"보르카 마음이 어땠을지 짐작이 되니?"

물었더니 아이들은 이런저런 이야기를 했어요.

"다시는 형제들이랑 놀고 싶지 않을 것 같아요."

"죽고 싶을 만큼 마음이 아플 거예요."

그런데 그때 승연이가 잔뜩 화난 목소리로 말했어요.

"보르카는 누나랑 형들이 다 죽었으면 좋겠다고 생각했을 거예요!"

얼굴 표정도 몹시 화가 나 있었지요. 양 볼도 붉어 보였고요. 지난 시간에 자기 모습을 색으로 표현해 보라고 했더니 도화지가 뚫어질 듯 붉은색으로만 색칠하던 승연이 모습이 떠올랐어요. 흥분한 승연이 얼굴에 지난 시간 모습이 겹치더군요. 그림을 설명할 때도 승연이는 화난 목소리였거든요.

그림책《깃털 없는 기러기 보르카》를 읽으며 보르카의 형제들에게 화를 내는 승연이를 보니 왜 그렇게 승연이가 화가 났나 이해가 될 것 같았어요. 키도 작고 몸도 약한 데다 다리도 절어서 아이들에게 놀림 받고 무시당했던 승연이의 상처가 승연이의 그림과 말에 고스란히 묻어 나왔거든요. 상처 받고 싶지 않아서 지금껏 스스로 단단한 껍질 속에 숨어 살았던 승연이의 마음이요. 그래야 놀리는 친구들에게서 스스로를 보호할 수 있을 테니까요. 가족 모두 따뜻한 곳으로 떠나고 혼자 남아 우는 보르카를 보면서 승연이는 보르카의 슬픔과 소외감을 그대로 느끼고 만 거예요.

"그냥 죽으면…… 보르카가 더 편해질 것 같아요."

승연이의 말에 나도 모르게 눈물이 나왔어요.
보르카가 매칼리스터 선장이 운행하는 크롬비 호에 우연히 타서
런던의 큐 가든에 가기까지, 배에서 스스로 할 일을 찾아가는 과정을
함께 읽으며 승연이도 굳게 닫힌 문을 열기를 간절히 바랐지요.
큐 가든에 있는 기러기들은 보르카를 보고도 놀리거나 무시하지
않았거든요. 큐 가든에는 온갖 이상야릇한 새들이 모여 있었으니까요.
큐 가든은 서로를 있는 그대로 봐 주는 곳이었답니다. 승연이가 사는
세상도 다른 것을 차별하지 않고 있는 그대로 받아들인다면 얼마나
좋을까요?

그래도 거듭 만날수록, 상처 받고 닫혀 있던 마음속 문이 조금씩
열리는 게 느껴졌어요. 독서 치료를 통해 승연이는 자신을 위로하고
격려하는 법을 배웠던 거예요. 전에는 보지 못했던 스스로의 좋은
점도 보고, 자신에 대해 새롭게 알아 가는 게 느껴졌지요. 사람들이
흔히 생각하듯 자신이 그렇게 약하고 못나기만 한 건 아니라는 것을
승연이는 알아 갔어요. 큐 가든에서 행복해하는 보르카를 보면서
승연이도 새로운 삶의 가능성을 보게 된 것 같았어요. 기러기 보르카와
승연이는 참 닮아 보였으니까요.

마지막 만나는 날에는 함께 문장 놀이를 했어요. 승연이가 보여 준
달라진 모습에 그저 감사할 수밖에 없었답니다.

"나는 사는 게 ○○하다."

하는 문장을 채워 보라고 했더니, 독서 치료 첫 번째 시간에 "나는 사는 게 너무 싫다. 죽고 싶다."고 썼던 승연이는 "나는 사는 게 행복하다."고 썼답니다! 기러기 보르카가 선물해 준 작은 기적이었던 것 같아요. 독서 치료 마지막 시간에 보았던 승연이는 첫 시간에 보았던, 언제 폭발할지 모르는 불화산이 아니었어요. 순하고 밝은 모습이었죠.

어린이 여러분, 혹시 그거 알아요? '혁명의 불꽃'이라 불리는 사회주의 혁명가 로자 룩셈부르크가 키도 아주 작고 몸도 아주 약한 사람이었다는 것을요. 로자 룩셈부르크는 평생 가난하고 억압당하는 사람들을 위해 일을 했지요. 수많은 사람들 앞에서 연설도 하고, 정의로운 행동을 서슴지 않았지요. 그런 용기 있는 행동을 한 사람이 키도 작고, 한쪽 다리까지 절었던 약하디 약한 여자였대요.

로자는 몸도 약하고 키도 작았지만, 그 누구보다 용기 있게 삶을 개척해 나갔답니다. 남들과 다른 고통스럽고 힘들었던 삶이 로자 룩셈부르크를 용기 있는 혁명가로 키웠는지도 몰라요.

> 승연이와 같은 친구들에게, 용기 있게 자신의 삶을 개척했던 로자 룩셈부르크를 꼭 소개해 주고 싶어요.

생명을 소중히 여기는 마음이야말로 혁명가의 힘!

로자 룩셈부르크는 1871년, 폴란드의 자모시치라는 곳에서 태어났어요. 아주 어렸을 때부터 몸이 많이 아팠지요. 엉덩이뼈에 결핵균이 침투해 어린 로자는 일 년이 넘도록 밖에 나가지도 못하고 침대에서 지내야 했답니다. 로자가 볼 수 있는 세상은 오직 작은 창문으로 보이는 마당이 전부였어요. 나가서 뛰어놀고 싶은 마음이 간절했지만 로자는 잘 참았어요.

어머니는 누워 있는 로자에게 그림책을 읽어 주었어요. 언니와 오빠는 종이에 인형을 그려 주었고요. 로자는 종이 인형을 가위로 잘라서 색칠을 하거나 그림을 그려 넣느라 시간 가는 줄 몰랐어요.

그러나 언니, 오빠가 학교에 가고 엄마가 부엌에서 일을 하실 때면 로자는 혼자 시간을 보내야 했어요. 봄이 오자 로자는 작은 창을 통해 새들이 지저귀며 종종걸음으로 걸어 다니는 걸 미소 지으며 바라보았지요. 작고 여린 새는 로자가 창틀에 놓아 둔 빵부스러기를 톡톡 쪼아 먹었는데, 로자는 그 모습을 스케치북에 그렸어요.

가족들은 로자의 스케치북을 보고 깜짝 놀랐답니다. 진짜 새랑 똑같아 보였거든요. 오랜 시간을 두고 새의 부리, 깃털 한 올까지 똑같이 그린 로자의 솜씨에 모두 놀라워했지요.

로자는 어릴 때 앓은 병 때문에 평생 한쪽 다리를 절어야 했어요. 어른이 된 뒤에도 150센티미터를 겨우 넘었고요. 그래도 로자는

9장 | 작고 약하면 좀 어때? 괜찮아! 149

자신의 병이나 몸에 관해 결코
불평하지 않았어요. 오히려 작고
여린 생명들에 더 많은 관심을
가졌답니다.
로자가 태어났을 때 폴란드는
러시아의 지배 아래 있었어요.
우리나라가 일본의 지배 아래
있었던 것처럼요. 러시아의
혹독한 식민 정책으로 폴란드
사람들은 고통스럽게 살았지요. 러시아에 저항해 폴란드의 독립을
외치는 사람들은 감옥에 끌려갔어요. 그즈음 유럽에서는 가난하고
억압받는 사람들에게 새로운 미래를 열어 주는 운동이 활발하게
일어나고 있었는데, 바로 사회주의 운동이었지요. 러시아의 지배로 고통
받는 폴란드 사람들을 보면서 분노했던 로자도 사회주의 운동을 하는
프롤레타리아 당에 들어가게 돼요.

대가는 가혹했지요. 학교를 졸업할 때 로자는 학교에서 가장 우수한
성적을 받았지만, 프롤레타리아 당원이기 때문에 상을 받지 못했어요.
로자는 수많은 사람들이 자유를 잃고 억울하게 빼앗기며 사는데, 자기
불행은 아무것도 아니라고 생각했지요.

로자는 고등학교를 졸업하자마자 스위스로 망명했어요. 그러고는
취리히 대학에서 법학과 정치학을 공부했답니다. 1894년에는 폴란드

사회민주당을 만들고, 곳곳으로 강연도 다녔지요.

로자가 독일의 슐레지엔으로 노동자들을 만나러 갔을 때에요. 엄청 드세 보이는 여자를 기다리던 노동자들은 한쪽 다리를 절면서 들어오는 키 작은 로자를 보고 깜짝 놀랐지요. 강연자가 여자라는 것만 해도 이미 놀라고 있었는데, 그렇게 여려 보일 줄은 몰랐거든요. 그런 사람이 수많은 노동자들 앞에서 무슨 이야기를 할 수 있으랴 싶었지요.

그 유명한 혁명가 로자 룩셈부르크가 키도 작고, 다리도 저는 약한 여자임을 확인한 노동자들은 웅성대기 시작했어요. 노동자들의 담배 연기로 가득한 강연장에서 로자는 마침내 연설을 시작해요. 조금도 기죽지 않고 당당하게, 그러면서도 부드럽게 말이에요.

"우리는 단결해야 합니다. 가난과 착취의 쇠사슬을 끊기 위해서 단결해야 합니다!"

로자의 연설이 끝나자 우레와 같은 박수가 터져 나왔어요. 로자의 연설에서 진실된 마음을 느낀 거예요. 로자의 연설은 사람들 가슴속에 열정을 불러 일으켰지요. 노동자들을 만나기 위해 슐레지엔까지 찾아간 로자의 용기는 사람들에게 큰 울림을 주었어요. 그러나 로자는 연설 중에 독일의 황제 빌헬름 2세를 모독했다며 감옥에 가게 돼요. 로자는 그 후에도 여러 번 감옥을 드나들어야 했지만, 단 한 번도 희망을 놓지 않았답니다. 어디선가 새소리가 들려오면 너른 들판을 상상하고, 꽥꽥 오리들 소리가 들려오면 푸른 연못을 떠올렸어요. 좁은 감옥에서도 로자는 순간순간 행복을 느꼈지요.
혁명가 로자 룩셈부르크 사상의 뿌리는 생명을 소중히 여기는 마음에 있었던 거예요. 사랑의 눈으로 세상을 바라보았지요. 춥고 배고픈 감옥에서도 바깥에 있는 동지들을 먼저 걱정했고요. 따뜻한 마음을 담아 사람들에게 편지를 보내는 일도 게을리 하지 않았어요. 그런 로자의 편지는 밖에 있는 사람들을 깊이 감동시켰다고 해요. 로자는 얼핏 작고 가녀린 사람으로 보였지만, 큰 세상을 품고 살아갔던 사람이었답니다.

여러분, 어때요? 로자 룩셈부르크는 어렸을 때부터 남들보다 훨씬 작은 키로 살았어요. 게다가 한쪽 다리까지 절었답니다. 그러나 로자는 조금도 기죽지 않았지요. 로자는 평생 가난하고 고통 받는 사람들을 위해 일했어요. 정의로운 세상을 만들기 위해 애썼고요. 그런 세상을 만들기 위해 죽음의 위협을 무릅쓰고 사람들 앞에 나서 자기 생각을 용기 있게 말하기도 했답니다.
그 작고 약한 몸에서 어떻게 그렇게 큰 힘이 나올 수 있었을까요? 아마도 작은 생명을 소중히 여기는 마음 때문이었을 거예요. 여러분 중에 키가 작다고, 몸이 약하다고 자신감이 없는 친구들이 있다면 로자 룩셈부르크를 보고 용기를 얻었으면 좋겠어요.

조금 더 생각해 보자

"위대한 업적을
이룬 것은
힘이 아니라
불굴의 노력이다."

새뮤얼 존슨

영국의 평론가 새뮤얼 존슨은 왜 힘이 아니라
노력으로 위대한 일을 할 수 있다고 말했을까요?
아무리 똑똑하고, 능력이 있고, 힘이 세도, 노력하지
않는다면 아무것도 이룰 수 없기 때문이에요. 그 말은 곧 아무리 작고
약해도 노력만 한다면 그 어떤 일도 가능하다는 말이지요.
혹시 내가 다른 친구보다 작고 약해서 속상하다면, 그것이 오히려
소중한 기회라고 생각하고 노력을 해 보면 어떨까요? 크고 강한
친구보다 더 큰 힘이 내 안에서 나오는 걸 느낄 수 있을 거예요. 로자
룩셈부르크처럼 말이죠!

작고 약한 나에게 칭찬을 해 보세요!

아주 작고 사소한 것도 괜찮아요.

과학기술자
장영실

10장

혼자 놀면 좀 어때? 괜찮아!

민형이는 복지관의 독서 치료 프로그램에서 만난 아이예요. 아버지는 사고로 돌아가시고, 엄마는 집을 나가 고모와 둘이 살고 있었어요. 아버지가 돌아가셨을 때 민형이는 겨우 여섯 살이었대요.
열두 살이 된 민형이에게는 꽤 오래전 일이었을 텐데도, 민형이는 어제 일처럼 선명하게 기억하고 있었지요. 사실 민형이 이야기는 직접 들은 것보다 복지관 사회복지사에게 들은 게 더 많아요. 민형이는 가족 이야기를 하기 싫어했거든요. 열두 살이 될 때까지 엄마를 한 번도 만난 적이 없다는 것도 사회복지사에게 들었답니다.
민형이는 가족 이야기는 물론이고 다른 말도 거의 하지 않는 아이였어요. 뭘 물어도 짧막하게 대답했지요. 그러니 아이들 중에서도 눈에 많이 띄었어요. 자물쇠처럼 입을 꾹 닫아 버린 민형이는 몸집도 작고 얼굴도 여렸지만 앙다문 입술로 '가까이 오지 마!' 단단하게

선언이라도 하는 것 같았지요.

민형이는 복지관에서 친하게 지내는 친구도 없는 모양이었어요. 혼자 왔다가 혼자 돌아가곤 했답니다. 다른 아이들도 억지로 말을 걸지 않았고요. 민형이는 아이들 사이에서 투명인간 같았지요.

그랬던 민형이가 그림책을 함께 보기 시작하면서 조금씩 달라졌어요. 책을 읽고 감정 게임을 할 때였지요. 감정 게임은 아이들 마음속에 어떤 감정이 들어 있는지 보려고 함께하는 놀이랍니다.

평소에 화를 잘 내는 친구가 있다고 쳐요. 아이가 마음속의 여러 가지 감정에 동그라미를 치다 보면 자기 마음에 '화'가 많은 걸 알게 되고, 자기 마음이 그렇단 걸 알면 전보다 쉽게 그 감정을 다룰 수 있게 돼요. 그러면 '화'라는 감정에서 자유로워지기도 쉽지요. 싫은 감정을 버려야겠다고 스스로 선택할 수도 있고요. 그러니까 감정 게임은 감정에 휘둘리지 않게 도와주는 놀이라고 할 수 있어요.

이 게임을 하는데, 늘 소극적이었던 민형이가 갑자기 눈빛을 반짝이며 집중하기 시작했답니다. 불안, 두려움, 슬픔, 외로움, 괴로움, 짜증, 화……

이런 여러 가지 감정 가운데 자기 마음속에 있는 감정에 동그라미를 치고, 그중에 버리고 싶은 감정을 선택해 보라고 했어요. 평소와 달리 민형이도 아주 집중해서 동그라미를 치더라고요.

"이렇게 많은 감정들이 민형이 가슴에 있었구나."

그래요. 민형이 마음속에는 그렇게 많은 감정이 들어 있었던 거예요. 그런데 민형이가 버리고 싶다는 감정은 딱 하나, '외로움'이었지요. 민형이에게 물었어요.

"외로움을 버리니까 어때?"

그러나 민형이는 아무 말도 하지 않았어요. 여전히 자물쇠를 채운 듯 아무 말도 없었지요. 민형이가 처음으로 길게 말을 한 것은 열한 번째 만났을 때였어요. 우리가 만날 수 있는 시간이 얼마 남지 않았을 때였지요.

그림책 《행복한 돼지》를 읽고 아이들에게 '내가 가장 행복했던 순간'을 떠올려 보라고 했답니다. 《행복한 돼지》는 숲속에서 자유롭고 행복하게 살던 돼지 부부가 우연히 보물 상자를 발견하고 도시로 나오면서 겪는 이야기를 담고 있어요.

돼지 부부는 도시에서 시골에서 살 때보다 훨씬 좋은 집과 멋진 옷, 차를

행복한 돼지 헬렌 옥슨버리 글·그림, 김서정 옮김, 웅진주니어

돼지 부부 베르타와 브릭스는 숲에서 맨날 똑같이 지내는 나날이 지겨웠어요. 그러던 어느 날 숲속에서 돈이 가득 든 보물 상자를 발견하게 되지요. 멋진 옷, 값비싼 자동차, 아주 좋은 집을 사서 도시에서 새 삶을 시작하지만, 옷과 이불은 불편하고 자동차와 가전제품들은 말을 듣지 않아요. 결국 둘은 옷을 벗어 던진 채, 도시를 버리고 들판으로 달려가요. 진정한 행복은 숲속에 있다는 걸 깨달은 것이지요.

가지게 되었지만, 왠지 그전보다 행복하지 않았지요. 텔레비전과 식기세척기, 진공청소기처럼 생활을 편리하게 해 주는 기계를 쓰는데도 어쩐지 하루하루가 더 피곤했어요.

급기야 차가 고장 나는 바람에 먼 길을 오랫동안 혼자 터덜터덜 돌아온 남편 돼지와 편리한 기계들이 잘못 작동돼 하루 종일 속을 끓였던 아내 돼지는 누가 먼저랄 것도 없이 원래 살던 곳으로 달려간답니다. 화려한 집과 옷, 차를 모두 버리고 말이에요. 그리고 숲속 진흙에서 뒹굴며 돼지 부부는 다시 행복한 미소를 짓지요.

"돼지 부부는 왜 도시에서 행복하지 않았을까?"

아이들에게 물었더니 참 여러 가지 대답이 나오더군요.

"갑갑해서요."

"돼지 부부에겐 시골이 딱 맞으니까요."

"돼지 부부는 도시에서 살 운명이 아니었어요."

내내 입을 꾹 다물고 있던 민형이도 인상적인 대답을 해 주었어요.

"돼지 부부는 도시에서 외로웠을 거예요. 둘뿐이었으니까요."

그러자 민형이 옆에 있던 아이가 반대했지요.

"아니에요. 옷 사고 차 사고 돼지 부부가 얼마나 바쁘게 지냈는데요. 외로울 새도 없었을걸요!"

민형이가 무어라 반박해 주길 기다렸지만, 민형이는 다시 침묵에 빠졌어요. 무시하듯 딴청을 부리면서요.

"글쎄, 다른 사람들은 어떻게 생각하니?"

그러자 잠시 뜸을 들인 민형이가 말했답니다.

"돼지 부부는 도시에서는 둘이 같이 있지 않았잖아요. 숲속에선 붙어 있었고요."

맞아요. 민형이가 정확히 보았어요. 돼지 부부는 숲속에서 잠시도 떨어지지 않고 함께 있었지만, 크고 화려한 도시로 이사를 온 순간부터는 각자 일에 열중하는 바람에 함께 있지 못했죠. 같은 집에 살아도 함께 있지 않는 것이나 마찬가지였으니까요.

《행복한 돼지》를 함께 읽은 건 자신이 정말 원하는 행복은 무엇인지, 언제 가장 행복한지 같은, 행복의 느낌을 나누고 싶었기 때문이었어요. 사람마다 행복의 의미는 다르지만, 행복은 하루하루 살면서 누구나 만들어 가는 것이기도 하니까요. 내가 어떻게 바라보는지에 따라 행복할 수도, 그렇지 않을 수도 있거든요. 똑같은 상황을 보고도 말이에요. 그래서 순간순간, 내가 어떨 때 행복을 느끼는지 발견하는 것은 무척 중요해요.

책을 다 읽고 이제까지 살면서 가장 행복했던 순간을 한번 떠올려 보자고 말했을 때, 민형이가 말했답니다. 한 달 내내 침묵 아니면 차가운 미소만 짓던 민형이 입에서 아주 긴 말이 흘러나왔지요.

"동네 뒷산에서 새벽 한 시까지 혼자 너럭바위에 누워서 하늘을 바라본 적이 있어요. 손을 뻗으면 별이 금방이라도 손에 잡힐 것 같더라고요. 그때가 가장 행복했어요."

민형이가 어른이 된 뒤에도 그 기억은 민형이 심장 속에서 따뜻하게 빛나고 있겠다 싶은 생각이 들자, 갑자기 목이 메어 오더군요. 누구에게나 삶을 계속 살아가게 해 주는 '순간'이 있는 것 같아요. 평범하지만 반짝반짝 빛이 나는, 영원히 녹슬지 않아서 힘들 때 꺼내 볼 수 있는, 그래서 절망과 고통을 조금씩 녹여 버리는 그런 순간 말에요.

그림책《행복한 돼지》를 읽으며 민형이는 아마도 그런 순간을 기억하고 맛보았던 것 같아요. 나지막하게 담담히 말하던 민형이의 얼굴이 별처럼 빛났거든요. 어둑한 밤하늘을 환하게 밝히는 별처럼요.

어린이 여러분, 혹시 그거 알아요? 널리 알려진 조선 시대의 과학자 장영실도 늘 혼자 노는 아이였다는 거! 장영실은 늘 무언가를 뚝딱 만들고, 밤에는 혼자 뒷산에 올라가 하늘의 별을 관찰하며 놀았다고 해요. 노비로 태어났기 때문에 친구를 사귀고 만날 틈도 없었답니다. 그런데 지금 사람들은 장영실! 하면 뛰어난 과학기술자로 생각하지, 혼자 노는 외로운 소년으로는 기억하지 않아요. 혼자 있었던 그 시간이 장영실에게는 천문을 관찰하고 연구하는 시간이 되어 주었던 거예요. 지금 혼자 있다고, 날마다 혼자 논다고 외로워하거나 기죽을 필요 없어요.

세상에 나 혼자라고 생각하는 어린이가 있다면, 그래서 외롭다고 느낀다면 소년

지금 외롭다고 느끼는 친구들에게 소년 장영실을 소개해 주고 싶어요.

장영실을 소개해 주고 싶어요. 물론 민형이에게도요. 장영실에게 혼자 있던 시간은 또 다른 미래를 열어 준 소중한 시간이었거든요.

장영실을 **과학기술자**로 만들어 준 시간들

세종 때 최고의 과학자 장영실은 혼자 보내는 시간이 많은 아이였답니다. 영실의 어머니는 당시 관청에 딸린 기생이었는데, 기생은 천민 중에서도 특히 더 업신여김을 당하던 신분이었어요. 그래서 기생의 아들인 영실도 어렸을 때부터 관청에서 온갖 심부름을 해야 했지요. 기생인 어머니에게서 태어났기 때문에 영실도 노비로 살아야 했던 거예요. 노비였기 때문에 영실은 친구도 없었어요. 친구를 사귈 환경도 못 되었던 것이지요.

장영실은 경상도 동래현의 관청에서 연장이나 농기구를 만들고 고치는 일을 도맡아 했어요. 장영실의 손에만 들어가면 헌 농기구도 새것처럼 뚝딱 변했지요.

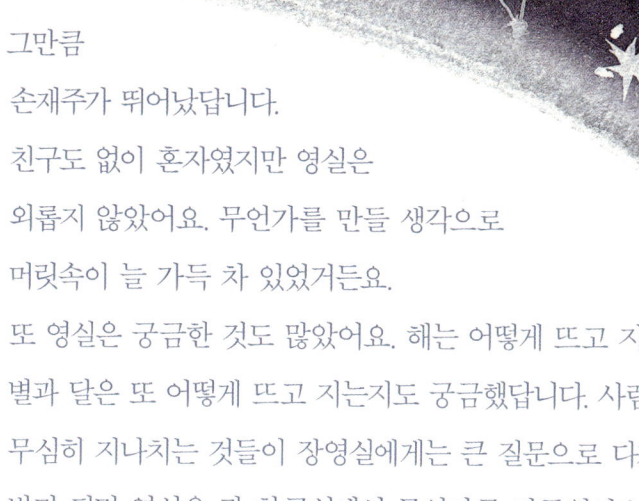

그만큼
손재주가 뛰어났답니다.
친구도 없이 혼자였지만 영실은
외롭지 않았어요. 무언가를 만들 생각으로
머릿속이 늘 가득 차 있었거든요.
또 영실은 궁금한 것도 많았어요. 해는 어떻게 뜨고 지는지,
별과 달은 또 어떻게 뜨고 지는지도 궁금했답니다. 사람들은
무심히 지나치는 것들이 장영실에게는 큰 질문으로 다가왔지요.
밤만 되면 영실은 광 한구석에서 무언가를 만들었어요. 물론 사람들은
어린 영실이 무엇을 만드는지 관심조차 없었지요. 영실은 별을 보러
뒷산에도 혼자 올라갔답니다. 사람들은 이런 장영실을
이해하지 못했어요.
"천한 노비 출신 주제에, 하는 짓은 왜 그리
유별난지!"
사람들이 뒤에서 수군댄다는 걸 장영실도
잘 알고 있었어요. 그러나 개의치 않았지요.
장영실은 별자리가 날마다 조금씩 움직이고,
일 년 지나면 제자리에 돌아온다는 진리를
알고 있었기 때문에 그저 별을 보는 것이
즐거울 뿐이었지요. 또 별자리를 살피면 계절의

변화도 알 수 있고, 계절의 변화를 알면 그해 농사를 어떻게 지을 것인지도 준비할 수 있다는 것도 알게 되었어요.

사실 장영실의 신분으로는 아무리 천문 연구를 열심히 해서 무언가를 발견한다 하더라도 큰일을 맡을 가능성은 적었어요. 노비 신분이었으니까요.

그런데 드디어 영실에게도 기회가 찾아왔답니다. 임금님이 장영실의 재주를 듣고, 보고 싶어한다는 거였어요. 어린 나이에 저수지의 물을 끌어들여 마을의 가뭄을 해결하고 농기구도, 무기도 손만 대면 뭐든 잘 만들어 내는 장영실에 관한 소문이 한양에까지 전해진 것이지요.

세종대왕은 재주 많은 인재라면 신분에 상관없이 누구라도 불러들이곤 했답니다. 당시 세종대왕은 우리나라에 맞는 새로운 천문 기구를 만들어 내려고 애쓰고 있었는데요. 그런 세종대왕에게 장영실은 그동안 연구해서 만든 천문 기구들을 보여 주었어요. 영실이 어렸을 때부터 뒷산에 올라가 별을 관찰하며 연구한 결과물이었어요. 세종대왕은 장영실이 만든 천문 기구를 보고 깜짝 놀랐어요. 혼자 만든 기구들이었지만 하늘의 별과 달을 정확하게 관측할 수 있는 기구였기 때문이었죠.

"아니! 이것을 너 혼자 다 만들었단 말이냐?"

세종대왕은 장영실을 바라보며 흐뭇한 미소를 지었어요. 이제 가뭄과 홍수로 고생하는 백성들을 도와줄 수 있겠다 싶었기 때문이지요.

농사짓는 데 날씨만큼 중요한 게 없었는데도 그때까지는 제대로 날씨를 읽을 방법이 없었거든요. 하늘의 별을 보며 날씨의 변화를 예측할 수만 있다면, 홍수나 가뭄에 대비할 수 있을 거라 기대했던 거예요.

세종대왕은 장영실이 장차 나라를 위해 큰일을 해 줄 것이라 믿었고, 1421년엔 중국에까지 보내 공부를 하게 했어요. 조선보다 앞선 천문 기술을 배워 오라는 것이었지요. 노비 신분으로 중국에 유학까지 가게 된 장영실은 자신을 믿어 준 세종을 위해서라도 더 열심히 천문학을 배우겠다고 결심하지요.

장영실은 중국의 천문 기술을 열심히 배웠어요. 그리고 조선에 돌아와

그 유명한 물시계를 만들었지요. 물시계는 일정한 양의 물을 규칙적으로 떨어뜨려서 물의 양이 찰 때마다 시간을 계산하는 시계였어요.
물시계를 만든 장영실은 그 후 과학자로서 당당하게 인정을 받게 되었어요. 이제는 그 누구도 장영실을 노비로 생각하지 않았지요. 세종대왕의 인정을 받게 된 장영실은 관청에서 연구에만 매달릴 수 있게 되었고요.
장영실은 새로운 물시계도 만들었어요. 이미 만든 물시계의 불편한 점을 보완해, 마침내 두 시간마다 소리가 울려 퍼지는 시계를 발명해 낸 거예요. 그 시계가 바로 국보 229호 자격루랍니다.
장영실이 발명한 과학 기구들은 그 밖에도 참으로 많아요. 1432년에는 우리나라 최초의 천문 관측기구인 간의를, 1433년에는 천체의 움직임과 위치를 관측하는 혼천의를 만들었어요. 또 해시계인 앙부일구, 세계 최초의 우량계인 측우기, 청계천 다리에 세워 홍수를 예방할 수 있게 한 수표 등이 모두 장영실이 직접 만들거나 작업 과정에 참여했던 과학 발명품들이지요.

여러분, 어때요? 혼자 있는 시간이 그리 나쁜 것 같지는 않지요? 장영실은 혼자 있는 시간에 천문을 연구했고, 그 시간이 모여 결국 훌륭한 과학 발명품을 만들었으니까요. 장영실이 혼자인 시간을 힘겨워만 했다면, 이런 멋진 발명품들은 어쩌면 다른 나라에서 먼저 만들어 냈겠지요.

물론 사람은 서로 정을 나누고 사랑해야 해요. 혼자서는 살 수 없는 존재니까요. 그러나 어쩔 수 없이 혼자 있을 수밖에 없는 어린이들도 있을 거예요. 그런 시간을 소년 장영실처럼 뭔가 뜻깊고 유익한 시간으로 만드는 것은 어떨까요?

그렇게 한다면 아마도 혼자였던 시간은 여러분에게 평생 소중한 기억으로 남게 될 거예요.

조금 더 생각해 보자

"혼자 있을 때
비로소 사람은
참다운 자신을
느낀다."

- 톨스토이

러시아의 유명한 소설가 톨스토이는 왜 혼자
있을 때 비로소 참다운 자신을 느낄 수 있다고
말했을까요? 사람들은 혼자 있는 걸 외롭고
고독하다고 피하려 하지요. 그러나 늘 사람들
속에서 바쁘게만 살아간다면 삶에서 소중한 게 뭔지 바라볼 힘을
잃어버릴지도 몰라요.

혼자 있을 때 자기 마음이 어땠나 한번 생각해 보세요. 혼자 있는
시간이 그저 심심하고 외롭지만은 않았을 거예요. 분명 무언가 마음에
남는 무언가가 있었을 걸요! 과학자 장영실처럼 나중에 어른이 되었을
때 혼자 있었던 시간이 분명 뭔가 창조적인 힘을 발휘할 수 있을
테니까요.

혼자 노는 나에게 칭찬을 해 주세요!

아주 작고 사소한 것도 괜찮아요.

참고 자료

단행본

《나의 사랑, 백남준》, 구보타 시게코·남정호 공저, 이순
《다윈 종의 기원》, 찰스 다윈 지음, 송철용 옮김, 동서문화사
《다윈 평전》, 에이드리언 데스먼드·제임스 무어 공저, 김명주 옮김, 뿌리와 이파리
《레이첼 카슨 평전》, 린다 리어 지음, 김홍옥 옮김, 샨티
《레이첼 카슨과 침묵의 봄》, 김재호 지음, 살림
《로자 룩셈부르크 평전》, 막스 갈로 지음, 임헌 옮김, 푸른숲
《로자 룩셈부르크》, 토니 클리프 지음, 조효래 옮김, 북막스
《백남준 그 치열한 삶과 예술》, 이용우 지음, 열음사
《사랑과 고통을 그린 화가 프리다 칼로》, 황영옥 지음, 이룸
《사랑의 선물: 소파 방정환의 생애》, 이상금 지음, 한림
《소파 방정환 평전: 청년아, 너희가 시대를 아느냐》, 민윤식 지음, 랜덤하우스코리아
《소파 방정환의 아동 교육 운동과 사상》, 안경식 지음, 학지사
《아인슈타인 평전》, 데니스 브라이언 지음, 승영조 옮김, 북폴리오
《아인슈타인, 신이 선택한 인간》, 데니스 브라이언 지음, 채은진 옮김, 말글빛냄
《아인슈타인의 편지: 천재 과학자의 은밀한 고백》, 장 자크 그리프 지음, 하정희 옮김, 거인북
《안데르센 평전》, 재키 울슐라거 지음, 전선화 옮김, 미래M&B
《안데르센과 함께 코펜하겐을 산책하다》, 울리히 존넨베르크 지음, 김수은 옮김, 갑인공방

《어른들을 위한 안데르센 동화》, 우라야마 아키토시 지음, 구혜영 옮김, 베텔스만
《이사도라 던컨》, 이사도라 던컨 지음, 구희서 옮김, 경당
《이사도라 던컨, 매혹적인 삶》, 피터 커스 지음, 이나경 옮김, 홍익
《장영실과 자격루》, 남문현 지음, 서울대학교 출판부
《찰스 다윈 평전》, 재닛 브라운 지음, 이경아 옮김, 김영사
《청년, 백남준: 초기 예술의 융합 미학》, 임산 지음, 마로니에 북스
《침묵의 봄》, 레이첼 카슨 지음, 김은령 옮김, 에코리브르
《프리다 칼로》, 안드레아 케텐만 지음, 이영주 옮김, 마로니에북스
《프리다 칼로 디에고 리베라》, 르 클레지오 지음, 백선희 옮김, 다빈치
《한국과학기술사》, 전상운 지음, 정음사

역사 자료

조선왕조실록 세종편 (http://sillok.history.go.kr/main/main.jsp)

영화

로자 룩셈부르크, 마가레테 폰 트로타 감독, 1986년
맨발의 이사도라, 카렐 라이즈 감독, 1968년
안데르센, 찰스 비더 감독, 1952년

첫 번째 찍은 날 | 2014년 5월 1일
세 번째 찍은 날 | 2015년 11월 5일

글 윤정선 | 그림 홍지혜
펴낸이 이명희 | 펴낸곳 도서출판 이후 | 편집 김은주, 신원제, 유정언, 홍연숙

표지 및 본문 디자인 | (주)끄레 어소시에이츠

글 ⓒ 윤정선, 2014
그림 ⓒ 홍지혜, 2014

등록 | 1998. 2. 18(제13-828호)
주소 | 121-754 서울시 마포구 동교동 165-8 엘지팰리스 1229호
전화 | 02-3144-1357 (전송) 02-3141-9641
블로그 | http://blog.naver.com/dolphinbook
트위터 | @SmilingDolphinB

ISBN | 978-89-97715-25-1 73810

이 도서의 국립중앙도서관 출판시도서목록(CIP)은
e-CIP 홈페이지(http://www.ni.go.kr/cip.php)에서 이용하실 수 있습니다.
(CIP 제어번호: CIP 2014009971)

이 책은 저작권법에 의해 보호를 받는 저작물이므로 무단 전재와 복제를 금합니다.

꽃의 걸음걸이로, 어린이와 함께 자라는 웃는돌고래

웃는돌고래 는 〈도서출판 이후〉의 어린이책 전문 브랜드입니다.
어린이의 마음을 살찌우고, 생각의 힘을 키우는 책들을 펴냅니다.